中华人民共和国
保险法

案例注释版

中国法制出版社
CHINA LEGAL PUBLISHING HOUSE

出版说明

我国各级人民法院作出的生效裁判是审判实践的结晶，是法律适用在社会生活中真实、具体而生动的表现，是连接抽象法律与现实纠纷的桥梁。因此，了解和适用法律最好的办法，就是阅读、参考已发生并裁判生效的真实案例。从广大读者学法、用法以及法官、律师等司法实务人员工作的实际需要出发，我们组织编写了这套“法律法规案例注释版”丛书。该丛书侧重“以案释法”，期冀通过案例注释法条的方法，将法律条文与真实判例相结合，帮助读者准确理解与适用法律条文，并领会法律制度的内在精神。

丛书最大的特点是：

一、专业性。丛书所编选案例的原始资料基本来源于各级人民法院已经审结并发生法律效力的裁判文书，从阐释法律规定的需要出发，加工整理而成。对于重点法条，则从全国人大常委会法工委等立法部门对条文的专业解读中提炼条文注释。

二、全面性。全书以主体法为编写主线，并辅之以条文主旨、条文注释、实用问答、典型案例、相关规定等，囊括了该法条的理论阐释和疑难问题，帮助读者全面理解法律知识体系。

三、示范性。裁判案例是法院依法对特定主体之间在特定时间、地点发生的法律纠纷作出的裁判，其本身具有真实性、指导性和示范性的特点。丛书选择的案例紧扣法律条文规定，精选了最高人民法院、最高人民检察院公布的指导案例等典型案例，对于读者有很强的参考借鉴价值。

四、实用性。每本书通过实用问答模块，以问答的方式解答实务中的疑难问题，帮助读者更好地解决实际问题。丛书设置“相关案例索引”栏目，列举更多的相关案例，归纳出案件要点，以期通过相关的案例，进一步发现、领会和把握法律规则、原则，从而作为解决实际问题的参考，做到举一反三。

五、便捷性。丛书采用大字排版、双色印刷，清晰疏朗，提升了读者的阅读体验。我们还在部分分册的主体法律文件之后收录重要配套法律文件，以及相应的法律流程图表、文书等内容，方便读者查找和使用。

希望本丛书能够成为广大读者学习、理解和适用法律的得力帮手！

适用提示

保险法是以保险关系为调整对象的法律规范的总称，也就是以保险组织、保险对象以及保险当事人的权利义务为调整对象的法律规范。其中保险关系是指参与保险活动的主体之间形成的权利义务关系，包括当事人之间依保险合同发生的权利义务关系和国家对保险业进行监督管理过程中所发生的各种关系。保险法通常有广义和狭义之分，广义的保险法既包括保险公法，也包括保险私法；狭义的保险法则仅指保险私法。所谓保险公法，就是有关保险的公法性质的法律，即调整社会公共保险关系的行为规范，主要指保险业法和社会保险法；所谓保险私法，就是调整自然人、法人或其他组织之间保险关系的法律，主要指保险合同法和保险特别法（如海商法中有关海上保险的法律规范）。

1995 年 6 月 30 日，全国人大常委会通过《中华人民共和国保险法》（以下简称《保险法》），内容包括总则、财产和人身保险合同、保险公司、保险业的监督管理等。它标志着以《保险法》为主体、相关法规配套的中国保险法律法规体系的初步形成。

随着经济社会的发展，我国保险业在快速发展、取得显著成绩的同时，也出现了一些新的情况和问题。原《保险法》的一些规定已不能完全适应形势发展的需要，有必要进一步修改完善。《保险法》修订草案于2008年8月由国务院提交全国人大常委会审议。全国人大常委会会议于2008年8月、12月和2009年2月三次审议。在2009年2月28日举行的十一届全国人大常委会第七次会议的全体会议上，通过了修订后的《保险法》。修订后的《保险法》从2009年10月1日起施行。这次修订是对《保险法》的一次全面修改，条文数量由修订前的一百五十八条增加到修订后的一百八十七条，绝大多数条款都有修改。此后，全国人大常委会于2014年8月31日、2015年4月24日对《保险法》的部分条文作出了进一步修改。

在保险法中，保险合同相关规定是其核心内容。它是关于保险关系双方当事人权利义务的法律规定，通常包括保险合同的订立、效力、履行、终止、变更、解除以及保险合同纠纷的处理等事项。《保险法》第二章是对保险合同的规范，包括三节内容：分别就保险合同的一般规则、人身保险和财产保险两大类保险合同的一些特殊规则进行了规定，基本确立了我国保险合同法的体系和内容。对于实践中发生的保险合同纠纷，如果《保险法》未规定，则可适用《中华人民共和国民法典》合同编的相关规定；《中华人民共和国民法典》合同编中也未规定的，则可适用《中华人民共和国民法典》总则编的有关规定。除此之外，其他法律中关于保险合同的具体规定也是我国保险合同法的有机组成部分。目前最重要的就是海商法中关于海上保险合同的规定。

而保险业法，又称为保险组织法、保险业监督法，其内容是有关保险组织的设立、经营、管理、监督、破产、解散和清算等的规定。保险业法的调整对象一般包括：(1) 国家在监督和管理保险企业过程中所发生的关系；(2) 保险企业相互间因合作、竞争而发生的关系；(3) 保险企业在内部管理过程中所发生的关系。《保险法》第三章至第六章规定了对保险业进行监督管理的法律规范，包括保险公司的设立、变更、解散、破产、保险经营规则、保险业的监督管理以及保险中介等。

从《保险法》的规定来看，《保险法》的作用主要体现在以下几个方面：一是规范保险活动。在中国境内从事的保险活动必须遵循《保险法》的基本原则，并严格按照法律的规定进行。二是保护保险活动当事人的合法权益。《保险法》保护的是保险活动当事人即投保人、被保险人和保险人的合法权益。三是加强对保险业的监督管理。《保险法》明确了国务院保险监督管理机构依法负责对保险业实施监督管理，并在该法第六章保险业监督管理部分具体规定了监督管理的内容，包括保险险种和保险费率的审批或备案、保险监督管理机构的检查以及采取有关行政措施的权力，如调整负责人及有关管理人员、接管和整顿保险公司等。四是促进保险业的健康发展。《保险法》通过规范保险活动，保护保险活动当事人的合法权益和加强对保险业的监督管理，来达到维护保险业公平竞争、促进保险业健康发展的目的。

目　录

中华人民共和国保险法

第一章　总　　则

第四章　保险经营规则

第五章　保险代理人和保险经纪人

第六章　保险业监督管理

第七章　法律责任

附　录

中华人民共和国保险法

（1995年6月30日第八届全国人民代表大会常务委员会第十四次会议通过　根据2002年10月28日第九届全国人民代表大会常务委员会第三十次会议《关于修改〈中华人民共和国保险法〉的决定》第一次修正　2009年2月28日第十一届全国人民代表大会常务委员会第七次会议修订　根据2014年8月31日第十二届全国人民代表大会常务委员会第十次会议《关于修改〈中华人民共和国保险法〉等五部法律的决定》第二次修正　根据2015年4月24日第十二届全国人民代表大会常务委员会第十四次会议《关于修改〈中华人民共和国计量法〉等五部法律的决定》第三次修正）

目　录

第五章　保险代理人和保险经纪人
第六章　保险业监督管理
第七章　法律责任
第八章　附　　则

第一章　总　　则

第一条　立法宗旨[①]

为了规范保险活动，保护保险活动当事人的合法权益，加强对保险业的监督管理，维护社会经济秩序和社会公共利益，促进保险事业的健康发展，制定本法。

条文注释

在人类的生产与生活中，危险无处不在，给人们的生产、生活造成严重威胁，危险事故的发生则给人们带来伤害和损失。无论是个人还是集体，对危险的损害后果都难以独自承担，对危险进行识别、衡量、防范和控制的要求就很自然地产生了。危险处理的方法有许多种，包括危险回避、损失控制、危险转移、危险自留等。其中危险转移是指通过合理的措施，将危险及其损失从一个主体转移给另一个主体，即转移损失发生及其程度的不确定性。危险转移包括两种方式：一种是控制型的危险转移，即转移可能发生危险损失的财产或活动，例如将容易着火的建筑物卖掉，也就不再承担其着火带来的损失；另一种是财务型的危险转移，即通过财务方式转移危险损失。保险就是财务型危险转移方式之一，即通过购买保险将可能发生的危险损失由

① 条文主旨为编者所加，下同。

保险人来承担，以确定的保险费支出代替损失程度的不确定性。

第二条 调整范围

本法所称保险，是指投保人根据合同约定，向保险人支付保险费，保险人对于合同约定的可能发生的事故因其发生所造成的财产损失承担赔偿保险金责任，或者当被保险人死亡、伤残、疾病或者达到合同约定的年龄、期限等条件时承担给付保险金责任的商业保险行为。

条文注释

从理论上讲，保险有广义和狭义之分。广义的保险是将商业保险、社会保险与政策保险等一切采取保险方式来处理危险的社会化保险机制都包括在内；狭义的保险则仅指商业保险，即采取商业手段并严格按照市场法则运行的保险机制。本法在本条中明确规定了调整对象是商业保险活动。

实用问答

1. 问：如何区分商业保险与社会保险？

答：商业保险与具有社会保障性质的社会保险相比较，具有以下三个特点：一是具有自愿性，商业保险法律关系的确立，是投保人与保险人根据意思自治原则，在平等互利、协商一致的基础上通过自愿订立保险合同来实现的，而社会保险则是通过法律强制实施的；二是具有营利性，商业保险是一种商业行为，经营商业保险业务的公司无论采取何种组织形式都是以营利为目的，而社会保险则是以保障社会成员的基本生活需要为目的；三是从业务范围及赔偿保险金和支付保障金的原则来看，商业保险既包括财产保险又包括人身保险，投入相应多的保险费，在保险价值范围内就可以取得相应多的保险金赔付，体现的是多投多保、少投少保的原则，而社会保险则并不单纯以投入保险费的多少来加以差别保障，体现的是社会基本保障原则。

2. 问：因果关系存在是保险人承担保险责任的前提吗？

答：在《保险法》上，因果关系旨在解决保险人填补责任的有无，所以侧重于危险（承保危险和免责危险）与损害（金钱损害）之间的因果关系有无的判断。而有关被保险人所受损害且应由保险人补偿的范围确定问题，则不属于因果关系解决的范畴。被保险人为防范可能发生的事故，弥补因不确定的事故发生而可能招致的不利益，向保险人投保；保险事故发生后，保险人对“因”承保的事故所产生的财产损失承担赔偿保险责任。因此本法第 2 条规定：“……保险人对于合同约定的可能发生的事故因其发生所造成的财产损失承担赔偿保险金责任……”但是，所发生的事故是否是合同所约定的事故，或者说所发生的事故与损失之间是否有“因果关系”，是在保险理赔中需要认定的一个重要问题。换言之，保险人承担保险金赔偿的前提是承保的事故与损失之间存在“因果关系”，两者无因果关系时，保险人不负赔偿责任，这是《保险法》上因果关系意义最重要所在。

第三条　适用范围

在中华人民共和国境内从事保险活动，适用本法。

实用问答

问：外国人、外国保险组织适用《保险法》吗？

答：按照本条规定，无论是中国自然人、法人还是外国自然人、法人以及无国籍人，只要在中华人民共和国境内从事保险活动，包括处于保险人地位或处于投保人、被保险人、受益人地位的所有保险活动当事人，都必须遵守和执行本法；无论外国保险组织在中国境内有没有设立机构，只要从中国境内吸收投保，并依所订立的保险合同在中国境内履行保险责任，都受本法的约束。同时由于本法第 2 条已明确规定《保险法》仅调整商业保险活动，因此，在中国境内从事的所有商业保险活动，包括保险人的业务经营、保险代理人、保险经纪人和保险公估人等的业务活动及其他与保险有关的行为，都适用本法。

第四条 从事保险活动的基本原则

从事保险活动必须遵守法律、行政法规，尊重社会公德，不得损害社会公共利益。

第五条 诚实信用原则

保险活动当事人行使权利、履行义务应当遵循诚实信用原则。

第六条 保险业务经营主体

保险业务由依照本法设立的保险公司以及法律、行政法规规定的其他保险组织经营，其他单位和个人不得经营保险业务。

实用问答

1. 问：商业保险业务经营主体有什么社会职能？

答：商业保险是一种经济活动，经营商业保险业务的目的固然在于营利，但从全社会的角度来看，商业保险业务经营主体的社会职能是对降低风险进行组织、管理、计算、研究、赔付和监督的一种服务。由于保险业务直接经营着货币资本，所以它又是一种金融服务。

2. 问：法律为何需要规范保险业务经营主体？

答：保险业务涉及众多投保人、被保险人和受益人的利益，如果商业保险业务经营主体经营不当，不能赔付应承担的保险金，会使投保人、被保险人和受益人因保险事故的发生出现的损害得不到补偿。因此法律为保障社会公共利益，需要对商业保险业务经营主体的成立、管理、投资和终止经营等各个方面予以规范，以保障这种社会财富再分配的顺利进行。长期的保险活动实践也要求商业保险业务经营主体应当实行专业经营原则，也就是说商业保险业务只能由符合法律规定条件的特定商业组织经营。

第七条 境内投保原则

在中华人民共和国境内的法人和其他组织需要办理境内保险的，应当向中华人民共和国境内的保险公司投保。

条文注释

本条规定中的“境内的法人”，既包括依照我国法律设立的具有法人资格的公司、企事业单位、机关和社会团体，也包括经我国政府批准在我国境内设立分支机构的外国法人；本条规定中的“其他组织”，是指依法成立的不具备法人资格的各类组织，包括合伙企业、个人独资企业、未取得法人资格的联营企业等；本条规定中的“境内的保险公司”，是指我国的保险公司以及经批准设立在我国境内的中外合资保险公司和外国保险公司分公司。如果上述境内的法人和其他组织在我国境内从事生产经营或其他活动，需要办理境内保险时，按照本条规定就应当向我国境内的保险公司投保。

第八条 分业经营原则

保险业和银行业、证券业、信托业实行分业经营、分业管理，保险公司与银行、证券、信托业务机构分别设立。国家另有规定的除外。

第九条 保险监督管理机构

国务院保险监督管理机构依法对保险业实施监督管理。

国务院保险监督管理机构根据履行职责的需要设立派出机构。派出机构按照国务院保险监督管理机构的授权履行监督管理职责。

第二章 保险合同

第一节 一般规定

第十条 保险合同及其主体

保险合同是投保人与保险人约定保险权利义务关系的协议。

投保人是指与保险人订立保险合同，并按照合同约定负有支付保险费义务的人。

保险人是指与投保人订立保险合同，并按照合同约定承担赔偿或者给付保险金责任的保险公司。

实用问答

1. 问：投保人应该具备哪些条件？

答：保险合同的当事人即投保人和保险人。投保人作为保险合同的当事人，必须具备以下条件：

一是具有完全的民事权利能力和相应的民事行为能力。民事权利能力是指民事主体依法享有民事权利和承担民事义务的资格；民事行为能力是指民事主体以自己的行为享有民事权利和承担民事义务的能力。《民法典》将自然人的民事行为能力按照年龄、智力、精神健康状况分为完全民事行为能力、限制民事行为能力和无民事行为能力。八周岁以上的未成年人、不能完全辨认自己行为的成年人为限制民事行为能力人，其作为投保人订立保险合同时，需由其法定代理人代理或经其法定代理人同意、追认。未满八周岁的未成年人、不能辨认自己行为的八周岁以上的自然人为无民事行为能力人，通常不能成为保险合同的当事人。

二是投保人须对保险标的具有保险利益。否则不能申请订立保险合同，已订立的合同为无效合同。规定投保人应对保险标的具有保险利益，可以使保险与赌博区别开来，并预防道德风险和限制赔偿金额。

三是投保人须是以自己的名义与保险人订立保险合同的当事人，同时还须依保险合同的约定交纳保险费。保险合同是双务合同和有偿合同，被保险人获得保险保障是以投保人交纳保险费为前提。当投保人为自己的利益投保时，有义务交纳保险费；在为他人利益投保时，也要承担保险费的交付义务。投保人如不按期交纳保险费，保险人可以分情况要求其交付保险费及利息，或者终止保险合同。保险人对终止合同前投保方欠交的保险费及利息，仍有权要求投保方如数补足。

2. 问：保险人应该具备哪些条件？

答：保险人应具备以下条件：第一，要有法定资格。保险人经常以各种经营组织形态出现。按照本法的规定，保险人必须是依法成立的保险公司。第二，保险公司须以自己的名义订立保险合同。作为一方当事人，保险人只有以自己的名义与投保人签订保险合同后，才能成为保险合同的保险人。

相关规定

《民法典》第17~24条；《保险法》第6条、第181条；《海商法》第216条

第十一条　保险合同订立原则

订立保险合同，应当协商一致，遵循公平原则确定各方的权利和义务。

除法律、行政法规规定必须保险的外，保险合同自愿订立。

条文注释

保险合同和其他民商事合同一样，需要双方当事人协商一致形成合意后才能形成。在合同的订立过程中，双方当事人在法律和法规的允许范围内，经过磋商，做出一个双方均能够接受的意思合意，即构成保险合同。双方当中，任何一方都不能把自己的意愿强加给另一方。

相关规定

《民法典》第147~151条；《机动车交通事故责任强制保险条例》

第十二条 保险利益、保险标的

人身保险的投保人在保险合同订立时，对被保险人应当具有保险利益。

财产保险的被保险人在保险事故发生时，对保险标的应当具有保险利益。

人身保险是以人的寿命和身体为保险标的的保险。

财产保险是以财产及其有关利益为保险标的的保险。

被保险人是指其财产或者人身受保险合同保障，享有保险金请求权的人。投保人可以为被保险人。

保险利益是指投保人或者被保险人对保险标的具有的法律上承认的利益。

条文注释

保险利益又称可保利益，是指投保人或被保险人对投保标的所具有的法律上所承认的利益。它体现了投保人或被保险人与保险标的之间存在的利益关系。衡量投保人或被保险人对保险标的是否具有保险利益的标志主要是看投保人或被保险人是否因保险标的的损害或丧失而遭受经济上的损失，即当保险标的安全时，投保人或被保险人可以从中获益；反之，当保险标的受损时，投保人或被保险人必然会遭受经济损失，则投保人或被保险人对该标的具有保险利益。

保险利益是保险合同法特有的制度，财产保险合同的被保险人对保险标的是否具有保险利益直接决定被保险人是否能够请求赔偿保险金。实践中，财产的使用人、租赁人、承运人等非财产所有权人有转移风险的需求，可能向保险公司投保，有些保险公司虽给予承保，却在保险事故发生时以被保险人不是财产所有权人、不具有保险利益为由拒赔，有违诚实信用，不符合保险消费者的合理期待。

实用问答

问：财产保险利益如何认定？

答：财产保险的保险利益产生于当事人与财产标的的利害关系，因此根据财产主体与客体不同的法律关系，可将保险利益分为现在利益、期待利益、责任利益和合同利益等类型。一般来说，投保人或被保险人具有下列情形之一的，可认定有保险利益存在：

（1）对财产标的具有所有权或其他物权等。凡是对财产享有法律上的财产权利，无论是所有权，还是抵押权、留置权、经营权等，也不论此种权利是现在的还是将来的，都可认定有保险利益。

（2）对财产标的物依法占有、使用或保管。经济生活中，通常会出现当事人依法或依约定对他人所有的财产占有、使用或保管的情形。此时占有人、使用人或保管人对财产标的物的毁损灭失依法或依约也具有经济上的利害关系，应认定当事人有保险利益，可以就所占有、使用、保管的财产标的进行投保。

（3）基于合同关系产生的利益。当事人根据彼此之间的合同，需要承担财产损失的风险时，则对该财产具有保险利益。如根据租赁合同或承揽合同，承租人或承揽人对租赁物、加工承揽物负有毁损灭失风险的，则承租人、承揽人对该标的物具有保险利益，可以投保。

（4）法律责任。自然人或法人依法对他人承担的赔偿责任也是一种保险利益。当事人可以将其可能对他人负有的法律责任进行投保，此时认为他对其法律责任负有保险利益。这种保险利益称为“责任利益”。责任利益一般是指民事赔偿责任，包括侵权责任和合同责任。保险实务上，责任利益包括雇主责任、公众责任、职业责任、代理责任等。

（5）期待利益。期待利益包括消极的期待利益和积极的期待利益。消极的期待利益是指基于现有利益而期待某种责任不发生的利益，主要针对责任保险而言，责任利益就是一种消极的期待利益。积极的期待利益，即当事人对于其现有财产或事业的安全而可获得的利益，如利润利益、营业收入、租金收入等。当事人对积极的期待利益可以投保，保险范围、赔偿标准等一般须在保险单中明确，而且投保人或被保险人对期待利益的存在负有证明之责。

相关规定

《海商法》第218条

第十三条 保险合同成立与生效

投保人提出保险要求，经保险人同意承保，保险合同成立。保险人应当及时向投保人签发保险单或者其他保险凭证。

保险单或者其他保险凭证应当载明当事人双方约定的合同内容。当事人也可以约定采用其他书面形式载明合同内容。

依法成立的保险合同，自成立时生效。投保人和保险人可以对合同的效力约定附条件或者附期限。

条文注释

订立保险合同是投保人与保险人的双方法律行为，保险合同的订立过程，是投保人和保险人意思表示趋于一致的过程，在双方意思表示一致的基础上，双方最终达成协议，保险合同才能成立。订立保险合同与其他合同一样要经过要约和承诺两个步骤，一方要约，另一方承诺，保险合同即告成立。根据《民法典》的有关规定，要约是希望与他人订立合同的意思表示，该意思表示应当符合下列条件：（1）内容具体确定；（2）表明经受要约人承诺，要约人即受该意思表示约束。承诺是受要约人同意要约的意思表示。承诺的内容应当与要约的内容一致。承诺生效时合同成立。

但是，保险合同的成立并不等于生效，这两者的区分已经很明确地规定在本条的第3款之中："依法成立的保险合同，自成立时生效。投保人和保险人可以对合同的效力约定附条件或者附期限。"一般来说，合同成立即生效，然而，根据合同的原理，成立的合同并不必然生效，有的可以推迟生效，有的甚至根本就不能发生效力。合同的成立和生效是不同的概念，首先，成立是保险合同本身的一个事实判断，即对合同这样一个法律关系的存在与否作出一个判断。而生效则是一个法律上的价值判断，如果成立的保险合同违反了《民法典》第一编第六章第三节或者第三编第一分编等有关规定或本法规定的其他无效要件，例如在人身保险合同中，投保人在投保时对被保险人的人身并不享有保险利益，此时，即使成立的合同，也会因法律的价值判断要件的不符合而使合同归于无效。当然，同时符合合同的成立要件和生效要件的保险合同，即根据第3款前段的规定，自然发生效力，即合同成立时即生效。

实用问答

1. 问：保险凭证主要有哪些种类？

答：载明合同内容的保险凭证主要有以下几种：

（1）保险单。保险单是投保人与保险人之间订立的保险合同的书面凭证，它由保险人签发给投保人，是最基本的载明合同内容的形式。

（2）保险凭证。保险凭证是保险人签发给投保人以证明保险合同业已生效的文件，它是一种简化的保险单，与保险单具有同样的作用和效力。

（3）投保单。投保单是投保人向保险人递交的书面要约。为准确迅速处理保险业务，投保单的格式和项目都由保险人设计，附格式条款，并以规范的形式提出。在保险人出立正式保险单后，投保单成为保险合同的组成部分。

（4）暂保单。暂保单是在正式保险单出立之前先给予投保人的一种临时保险凭证，它具有与正式保险单同等法律效力，并于正式保险单交付时自动失效。当然，在订立保险合同过程中，由于保险标的的特殊性不能采用标准的保险单时，投保人与保险人需要就保险标的及保险保障的一些问题进行具体的协商，经双方同意可以在保险合同中增加新的内容或对部分合同内容进行修改。如保险人在保险合同之外出具批单，以注明保险单的变动事项，或者在保险合同上记载附加条款，以增加原保险合同的内容，或者采用其他书面协议形式载明合同内容。这里所讲的其他书面协议形式，也就是指前述四种形式之外的书面形式。

2. 问：如何理解对保险合同约定附条件或附期限？

答：依据本条规定，投保人和保险人可以对合同的效力约定附条件或者附期限。

（1）所附条件是指合同当事人自己约定的、未来有可能发生的、用来限定合同效力的某种合法事实。所附条件有以下特点：一是所附条件是由双方当事人约定的，并且作为合同的一个条款列入合同中。其与法定条件的最大区别就在于后者是由法律规定的，不由当事人的意思取舍并具有普遍约束力的条件。因此，合同双方当事人不得以法定条件作为所附条件。二是所附条件是将来可能发生的事实。过去的、现存的事实或者将来必定发生的事实或者必定不能发生的事实不能作为所附条件。三是所附条件是当事人用来限制合同法律效力的附属意思表示。它同当事人约定的所谓供货条件、付款条件是不同的，后者是合同自身内容的一部分，而附条件合同的所附条件只是合同的附属内容。四是所附条件必须是合法的事实。违法的事实不能作为条件，如双方当事人不能约定某人杀死某人作为合同生效的条件。所附条件可分为生效条件和解除条件。生效条件是指使合同的效力发生或者不发生的条件，在此条件出现之前，合同的效力处于不确定状态，当此条件出现后，即条件成就后，合同生效；当条件没有出现，合同也就不生效。需要特别指出的是，附条件的合同虽然要在所附条件出现时生效或者失效，但是对于当事人仍然具有法律约束力，双方当事人不能随意变更或者解除。条件未出现前的效力对于附生效条件的合同表现为当事人不得自行撤销、变更合同的拘束力和可基于条件出现时对该合同生效的期待权。

（2）所附期限是指双方当事人约定的将来的某个时间。合同中的附期限可分为附生效期限和附终止期限。生效期限是指以其到来使合同发生效力的期限。该期限的作用是延缓合同效力的发生，其作用与附条件合同中的生效条件相当。合同在该期限到来之前，其效力处于停止状态，待期限到来时，合同的效力才发生。终止期限是指以其到来使合同效力消灭的期限。保险合同附期限一般为附期限生效。

3. **问：保险人接受了投保人提交的投保单并收取了保险费，尚未作出是否承保的意思表示，发生保险事故，被保险人或者受益人请求其赔偿的，如何处理？**

答：保险人接受了投保人提交的投保单并收取了保险费，尚未作出是否承保的意思表示，发生保险事故，被保险人或者受益人请求保险人按照保险合同承担赔偿或者给付保险金责任，符合承保条件的，人民法院应予支持；不符合承保条件的，保险人不承担保险责任，但应当退还已经收取的保险费。保险人主张不符合承保条件的，应承担举证责任。

4. 问：如无特别约定，是否交付保险费对保险合同的成立和生效都不能产生影响？

答：保险合同以当事人双方意思表示一致为成立要件，即保险合同以双方当事人愿意接受特定条件拘束时，保险合同即为成立。签发保险单属于保险方的行为，目的是对保险合同的内容加以确立，便于当事人知晓保险合同的内容，能产生证明的效果。根据本法第 13 条第 1 款第 2 款关于“投保人提出保险要求，经保险人同意承保，保险合同成立。保险人应当及时向投保人签发保险单或者其他保险凭证。保险单或者其他保险凭证应当载明当事人双方约定的合同内容”之规定，签发保险单并非保险合同成立时所必须具备的形式。

保险费是被保险人获得保险保障的对价。根据本法第 13 条第 3 款关于“依法成立的保险合同，自成立时生效。投保人和保险人可以对合同的效力约定附条件或者附期限”之规定，保险合同可以明确约定以交纳保险费为合同的生效要件。如果保险合同约定于交纳保险费后保险合同生效，则保险人对交纳保险费前所发生的损失不承担赔偿责任。

典型案例

上海惠骏物流有限公司诉中国平安财产保险股份有限公司上海分公司等财产保险合同纠纷案（《最高人民法院公报》2023 年第 8 期）

2018 年 3 月 30 日，原告惠骏物流向被告平安财险上海分公司投保平安物流责任保险，原告为被保险人，保险期限自 2018 年 3 月 31 日起至 2019 年 3 月 30 日止。《平安物流责任保险条款》约定：“在保险期间内，被保险人在经营物流业务过程中，由于下列原因造成物流货物本身的损失……保险人按照本保险合同约定负责赔偿……（二）运输工具发生碰撞、出轨、倾覆……”《保险单》特别约定部分第25条、第26条载明：“本保单仅承保以下列明车牌号的承运车辆发生保险事故时的保险责任：如被保险人在保险期限内需要更换承运车辆，需提前1个工作日将承运车辆车牌号通过邮件向保险人进行申报，否则保险人不承担任何保险责任。车辆牌照：沪BK40××；沪BK41××；沪EG96××；沪EG18××；沪EK51××；沪EK51××；沪ET23××；沪EK13××。”《平安物流责任保险投保单》的“特别约定”部分载明“按协议规定”，该投保单的“投保人声明”部分载明：“贵公司已向本人详细介绍了《平安物流责任保险条款》的内容及本投保申请书中的各项注意、说明及投保须知，并特别就该条款中有关保险责任、责任免除和投保人、被保险人义务的内容做了明确说明，本人接受上述内容，同意投保本保险。”原告在该投保单上盖章。

2018年6月8日，车辆号牌为冀JU95××的重型半挂牵引车在货运途中发生交通事故，致使原告惠骏物流承运的货物受损，经江苏省连云港市交通警察支队高速公路二大队认定，事故车辆驾驶员负事故全部责任。原告向被告平安财险上海分公司报案后，被告于同年6月21日委派公估人员进行查勘，确认受损货物数量，并于同年9月17日，以事故车辆未曾向被告进行申报，保险责任不成立为由，向原告出具《拒赔通知书》。原告于同年11月24日委托案外人仁祥保险公估（北京）有限公司对上述货物损失进行评估，该公司对货物定损金额为1951533.68元，协商赔付金额为1828444.32元，原告为此支付公估费4500元。审理中，原告与平安财险上海分公司确认货物损失金额为1828444.20元（未扣除货物残值）。案外人全球国际货运代理

(中国)有限公司于2020年4月28日出具赔款证明，证明上述货物损失的协商赔付金额已分12期从原告运费中扣除，且已扣除完毕。

另查明，在原、被告双方缔约磋商过程中，原告惠骏物流曾于2018年3月22日通过微信向被告平安财险上海分公司员工（现已离职）发送《保险公司国内货物运输保险协议书》《国内水路、陆路货物运输保险条款（2009版）》，该员工提示原告上述险种为货物运输险。同年3月29日、3月30日，被告向原告发送邮件，包括附件《平安物流责任保险投保单》，邮件载明："承保条件与之前中保一致。烦请吴总审阅。另还需提供材料：1. 营业执照复印件加盖公章。2. 上海惠骏物流有限公司名下车辆清单（车牌号即可）加盖公章。"后原告将上述材料加盖公章后交付平安财险上海分公司，其中《平安物流责任保险投保单》的"运输车辆"栏载明车辆类型为"普货"，数量为"8"，《自有货运车辆清单》中8个车牌号同上述案涉保险单特别约定部分载明的车牌信息一致。原告在收到保险单后，曾向被告了解退保流程，但未提出退保申请。

生效裁判认为，根据现有证据，上诉人惠骏物流加盖其单位公章的系平安物流责任保险投保单，该投保单约定了该投保单和平安物流责任保险条款均是保险合同的组成部分，该投保单投保人声明处载明保险人已经详细介绍了《平安物流责任保险条款》的内容等，并特别就该条款中有关保险责任、责任免除和投保人、被保险人义务内容作了明确说明。根据查明的事实，惠骏物流自有货运车辆清单中所标识的8辆自有车辆牌照清单也系上诉人加盖其公章后所提供。

根据该投保单内容，被上诉人平安财险上海分公司出具了保险单。上诉人惠骏物流称双方在协商过程中被上诉人对保险条款等内容另有约定，但所举证据不足以证明该主张。另即使按照上诉人所主张，在被上诉人曾向其寄送了有关退保的材料后，其也并未向保险人明确提出退保申请的详细内容，据此应认定，上诉人与被上诉人的权利义务应当以双方最终签署的保险单为准，上诉人应当按照双方在缔约协商中的有关表示确定双方权利义务的观点，难以成立。

根据保险单约定，被保险人在保险期限内需要更换承运车辆，需提前一个工作日将承运车辆车牌号通过邮件向保险人申报，否则保险人不承担任何保险责任。现上诉人惠骏物流申请保险理赔所涉及的车辆，并非上诉人所提供的自有货运车辆清单中所列的8辆车辆之一，也并未举证曾经向被上诉人平安财险上海分公司报备过承运车辆将有所变更的情况，故被上诉人以出险车辆号牌不符合双方保险单约定为由拒绝理赔，该理由可以支持。

相关规定

《民法典》第三编第一分编第二章、第三章；《海商法》第221条；《最高人民法院关于适用〈中华人民共和国保险法〉若干问题的解释（一）》第1~5条；《最高人民法院关于适用〈中华人民共和国保险法〉若干问题的解释（二）》第3条、第4条

第十四条 保险合同效力

保险合同成立后，投保人按照约定交付保险费，保险人按照约定的时间开始承担保险责任。

条文注释

保险合同是一种诺成性合同，并不是实践性合同。投保人无需交纳保费，只要合同双方意思表示一致，合同就可以成立。但合同成立并不就等于合同生效。一般情况下，是合同成立后再交付保险费，是否交付保险费与合同成立之间没有关系。合同是否生效需要法律对当

事人的合意进行评判。保险合同可以明确约定以交纳保险费为合同的生效要件。

典型案例

傅某某等与保险公司甲支公司意外伤害保险合同纠纷案（人民法院高质量服务保障长三角一体化发展典型案例①之九）

死者蒋某某自2008年4月至2017年4月11日在纺织染整公司工作。死者蒋某某于2016年2月21日购买所骑行的标记有"威×"的二轮电动车。原告傅某某、蒋某、沈某某系死者蒋某某的法定继承人。纺织染整公司为蒋某某等15人向被告保险公司甲支公司投保了团体意外伤害保险（意外伤害身故和残疾金每人200000元、附加意外伤害团体医疗保险（意外住院和门诊每人40000元），保险期限12个月，自2016年6月17日零时起。被告与纺织染整公司在特别提示中第六条约定"因下列原因造成被保险人身故、残疾或医疗费用支出的，保险人不承担给付保险金责任……（三）被保险人酒后驾车、无有效驾驶证驾驶或驾驶无有效行驶证的机动车期间……"；在附加意外伤害团体医疗保险（B款）条款第三条约定"……本保险合同为费用补偿型保险合同，被保险人如果已从其途径获得补偿，则保险人只承担合理医疗费用剩余部分的保险责任"。2017年4月11日16时20分左右，死者蒋某某下班回家驾驶两轮电瓶车（事故后被认定为轻便二轮摩托车）由北往南途经余姚市泗门镇楝树下村地段（高夹线与共济路四枝交叉路口），与由西往东被告俞某某驾驶浙BS××××号肇事车发生碰撞，造成蒋某某受伤，经医院抢救花费医疗费3805.98元，后于当晚死亡及两车损坏的交通事故。余姚市公安局交通警察大队在

① 《人民法院高质量服务保障长三角一体化发展典型案例》，载最高人民法院网站，https：//www.court.gov.cn/zixun/xiangqing/400542.html，2023年11月10日访问。

责任认定时对蒋某某驾驶的标记有“威×”的二轮电动车进行了司法鉴定，后被鉴定为轻便二轮摩托车，属于机动车。后余姚市公安局交通警察大队认为，俞某某驾驶机动车驶经路口未停车瞭望，遇情况措手不及，蒋某某未取得机动车驾驶证驾驶未登记的轻便二轮摩托车驶经路口未停车瞭望，未让右方车辆先行，未戴安全头盔，两人的交通违法行为和过错均与事故发生有因果关系，且作用基本相当，应各自承担本起交通事故的同等责任。另，余姚市人民法院受理的（2017）浙0281民初5548号案件中，三原告起诉俞某某、保险公司乙支公司，请求判令：一、赔偿医疗费3805.98元、死亡赔偿金979640元、丧葬费30671元、精神损害抚慰金50000元、被扶养人生活费52640元、亲属办理丧葬人员误工费3529.26元、交通费2000元、车辆损失费2000元，合计1124286.24元。二、被告保险公司乙支公司在交强险责任限额范围内赔偿原告115805.98元，精神损害抚慰金50000元在交强险的赔偿范围内先行赔付。三、被告俞某某在扣除交强险赔付费用后承担60%的赔付责任，即赔偿原告605088.16元；以上合计两被告应赔偿原告720894.14元，扣除被告俞某某已支付的70000元，两被告尚应实际赔偿原告650894.14元。四、本案诉讼费由被告承担。后该案经调解结案。

浙江省余姚市人民法院2018年4月8日作出（2018）浙0281民初701号判决：一、被告保险公司甲支公司赔偿原告傅某某、蒋某、沈某某意外伤害身故保险200000元，限于本判决发生法律效力之日起十日内付清；二、驳回原告傅某某、蒋某、沈某某的其他诉讼请求。宣判后，保险公司甲支公司提起上诉。浙江省宁波市中级人民法院于2018年9月26日作出（2018）浙02民终2593号判决：驳回上诉，维持原判。

法院生效裁判认为：投保人纺织染整公司与被告保险公司甲支公

司之间签订的保险合同系当事人之间真实意思表示，不违反法律、法规规定，应合法有效。投保人在投保声明书和团体保险投保单上盖章的行为，可视为保险人已就保险范围、责任免除等事项向投保人作了说明，投保人的行为对被保险人具有法律约束力。

本案争议焦点，一是被告保险公司甲支公司能否以被保险人驾驶机动车，无有效驾驶证驾驶这一免责事由免除赔付义务。首先，被保险人蒋某某驾驶的电动车在发生道路交通事故后被交警部门鉴定为“机动车”仅表明该电动车在最高时速、空车质量、外形尺寸接近或等同于轻型摩托车，法律、法规未明确规定超标两轮电动车属于机动车，不能要求电动车车主履行高于法律、法规等规定的义务；其次，审理中，原、被告对被保险人蒋某某发生交通事故时所驾驶的涉案车辆是否属于免责条款中所指的机动车存在不同解释；从死者蒋某某自身来看，其系在余姚市泗门镇农村工作的普通公司员工，虽然被告根据上述交通事故认定书及鉴定报告书认为涉案车辆属于机动车，但是涉案车辆的产品说明明确为电动车，被保险人蒋某某及三原告基于产品说明而认为涉案车辆系非机动车的理解，符合普通人的认知标准；从社会公众的通常理解来看，国家实行机动车登记制度及机动车交通事故责任强制保险制度，涉案的超标电动助力车未纳入机动车管理范围，其与机动车的使用范围和路权规则不同，购买者无法进行登记并取得机动车号牌，亦无法投保机动车交通事故责任强制保险，行政机关对该类车辆的管理方式造成了社会公众认为涉案车辆系非机动车，故原告陈述基于社会公众的通常理解认为涉案车辆不符合免责条款中规定机动车的理解，亦符合普通人的认知标准。另，采用保险人提供的格式条款订立的保险合同，保险人与投保人、被保险人或者受益人对合同条款有争议的，应当按照通常理解予以解释。对合同条款有两种以上解释的，人民法院或者仲裁机构应当作出有利于被保险人和受益人的解释。据此，双方对涉案车辆是否属于机动车存在不同理解，而保险公司短期健康保险和意外伤害保险特别提示的责任免除条款中关于无有效驾驶证驾驶机动车的内容未能明确机动车的具体类别，故该免责条款不应适用于本案所涉车辆，被告理应支付意外伤害身故保险金200000元。

二是对于原告要求被告赔偿医疗费3805.98元的诉请是否应得到支持；在附加意外伤害团体医疗保险（B款）条款第三条约定“……本保险合同为费用补偿型保险合同，被保险人如果已从其途径获得补偿，则保险人只承担合理医疗费用剩余部分的保险责任”，故本案所涉意外伤害保险系补偿型保险，所涉及的3805.98元医疗费能够在（2017）浙0281民初5548号案件中所涉的交强险10000元中足额赔付，故对原告的该诉请，法院不予支持。

第十五条 保险合同解除

除本法另有规定或者保险合同另有约定外，保险合同成立后，投保人可以解除合同，保险人不得解除合同。

条文注释

按照本条的规定，除本法另有规定或者保险合同另有约定外，保险合同成立后，保险人不得解除保险合同。只有在发生本法规定的情形或者保险合同另有约定外，保险人才有权解除保险合同：（1）投保人故意隐瞒事实，不履行如实告知义务的，或者因重大过失未履行如实告知义务，足以影响保险人决定是否同意承保或者提高保险费率的，保险人有权解除保险合同。（2）被保险人或者受益人在未发生保险事故的情况下，谎称发生了保险事故，向保险人提出赔偿或者给付保险金的请求的，保险人有权解除保险合同，并不退还保险费。(3) 投保人、被保险人故意制造保险事故的，保险人有权解除保险合同，不承担赔偿或者给付保险金的责任。(4) 投保人、被保险人未按照约定履行其对保险标的的安全应尽的责任的；保险人有权要求增加保险费或者解除合同。(5) 在合同有效期内，保险标的危险程度显著增加的，被保险人按照合同约定应当及时通知保险人，保险人有权要求增加保险费或者解除合同。(6) 保险标的发生部分损失的，保险人履行了赔偿责任后，除合同约定以外，保险人可以解除合同。(7) 投保人申报的被保险人年龄不真实，并且其真实年龄不符合合同约定的年龄限制的，保险人可以解除合同。(8) 人身保险合同分期支付保险费的，合同效力中止超过二年的，保险人有权解除合同。

● 实用问答

问：投保人与被保险人不一致时，投保人解除保险合同是否需要经过被保险人同意？

答：投保人为他人投保，与被保险人、受益人为不同主体时，投保人解除保险合同，无须经过被保险人和受益人的同意，理由在于：一是从保险立法来看，本法第 15 条确立了投保人的任意解除权，并没有对其行使进行限制，如要求投保人解除合同需征得被保险人或受益人同意不符合立法精神；二是从合同原理来看，保险合同的当事人是投保人与保险人，被保险人与受益人是保险合同的保障对象和保险金请求权的主体，其权利依附于投保人与保险人之间的合同，而不能影响保险合同的存续；三是从保险行业发展来看，保险单转让与质押是人身保险未来发展的方向之一，这些业务的开展是以投保人能够随时解除保险合同并取得保险单现金价值为条件的，如要求投保人解除合同需要经过被保险人和受益人同意，则可能限制保险单转让与质押业务的开展。

● *相关规定*

《民法典》第562~566条；《保险法》第16条、第27条、第32条、第37条、第49条、第50~52条、第58条；《海商法》第226~228条

第十六条 投保人如实告知义务

订立保险合同，保险人就保险标的或者被保险人的有关情况提出询问的，投保人应当如实告知。

投保人故意或者因重大过失未履行前款规定的如实告知义务，足以影响保险人决定是否同意承保或者提高保险费率的，保险人有权解除合同。

前款规定的合同解除权，自保险人知道有解除事由之日起，超过三十日不行使而消灭。自合同成立之日起超过二年的，保险人不得解除合同；发生保险事故的，保险人应当承担赔偿或者给付保险金的责任。

投保人故意不履行如实告知义务的，保险人对于合同解除前发生的保险事故，不承担赔偿或者给付保险金的责任，并不退还保险费。

投保人因重大过失未履行如实告知义务，对保险事故的发生有严重影响的，保险人对于合同解除前发生的保险事故，不承担赔偿或者给付保险金的责任，但应当退还保险费。

保险人在合同订立时已经知道投保人未如实告知的情况的，保险人不得解除合同；发生保险事故的，保险人应当承担赔偿或者给付保险金的责任。

保险事故是指保险合同约定的保险责任范围内的事故。

条文注释

投保人在订立保险合同时负有如实告知义务。告知是投保人在订立保险合同时对保险人的询问所作的说明或者陈述，包括对事实的陈述、对将来事件或行为的陈述以及对他人陈述的转述。如实告知要求投保人的陈述应当全面、真实、客观，不得隐瞒或故意不回答，也不得编造虚假情况欺骗保险人。投保人不仅应当告知其现时已经知道的情况，而且对于其尚未知道却应当知道的情况，也负有告知义务。如果投保人因重大过失而未知道，也构成对如实告知义务的违反。

本条第 7 款是对保险事故定义的规定。按照这一款规定，保险事故是指保险合同约定的保险责任范围内的事故，也就是造成保险人承担保险责任的事故。例如，财产保险中的火灾，海上货物运输险中的触礁、沉没等，人身保险中的意外伤害、死亡、疾病等。投保人要求保险人承保的事故项目在保险合同中必须一一列明，从而确定保险人的责任范围。需要指出的是，并不是任何事故均可成为保险人承保的事故，只有具备一定条件的事故才可成为保险事故。构成保险事故应具备以下要件：一是事故须有发生的可能，否则如根本不存在发生的可能性，保险人不能承保；二是事故的发生须不确定，其中又分三种情况，即事故发生与否不确定，或者发生虽确定但发生的时期不确定，或者发生及发生的时间大体确定，但其发生的程度不确定；三是事故的发生须属将来，也就是说其发生须在保险合同订立以后才可作为保险事故。

实用问答

1. 问：如何理解如实告知的范围？

答：保险合同订立时，投保人有义务将保险标的的有关情况向保险人进行如实说明和陈述。但作为一种制度安排，将有关保险标的所有事实情况都进行告知，既不可能，也没有必要；作为一种法定义务，投保人如实告知的范围应当有一个合理的界定：投保人应当如实告知的乃是其所知道的“重要事实”。

所谓重要事实，是指能够影响保险人决定是否承保或以何种费率承保的各种客观事实和情况。《保险法》关于如实告知范围的规定，同样采取了上述原则标准。只有投保人未告知的事实“足以影响保险人决定是否同意承保或者提高保险费率的”，保险人才有权解除合同。所谓“足以影响”应当理解为该事实对保险人的承保决定具有实质影响，即如果保险人因投保人未进行告知而不知晓该事实，他的承保行为会违背其真实意愿，而如果保险人知道该事实则将拒绝承保或提高费率水平。例如，投保机动车辆保险，车的用途是家庭自用还是营业使用，如作为出租车，对于保险人风险评估、费率适用是有实质影响的。如果投保人隐瞒或者误告了车辆使用性质，则视为违反了如实告知义务，保险人可以解除合同。但是，车辆的颜色，对于保险人是否承保和决定适用何种费率并没有影响。因此，即使投保人错误告知了车辆颜色，保险人也不得解除合同，因为该情况并非重要事实，不在投保人告知义务范围内。

此外，采用当事人哪一方的标准来判断一个客观情况的重要性，对当事人的权利义务影响甚大。对一个具体的纷争来说，未告知的事实是否“足以影响”保险人，应当以谁的标准判断，是个重要的事实认定问题。一般认为，“足以影响”是针对保险人的判断。从逻辑上说，采用审慎的保险人标准是可行的，但基于利益平衡，同时考虑投保人一方的判断能力和合理期待可能更为合理。当然，对特定案例进行判断，还应当综合各种具体情势具体分析。

2. 问：保险人明知投保人未履行如实告知义务，仍与之订立保险合同，如何处理？

答：（1）基于保险合同的特殊性，合同双方当事人应当最大限度诚实守信。投保人依法履行如实告知义务，即是最大限度诚实守信的一项重要内容。

（2）如果保险人在明知投保人未履行如实告知义务的情况下，不是进一步要求投保人如实告知，而是仍与之订立保险合同，则应视为其主动放弃了抗辩权利，构成有法律约束力的弃权行为，故无权再以投保人违反如实告知义务为由解除保险合同，而应严格依照保险合同的约定承担保险责任。

典型案例

投保老年人健康保险已履行告知义务应依法获赔——李某诉某保险公司健康保险合同纠纷案（人民法院老年人权益保护第三批典型案例[①]之三）

2020年9月，李某与某保险公司签订《支付宝老年防癌险电子保险单》，投保老年防癌险。保险单健康告知部分需要告知的疾病、体征或症状不包括慢性支气管炎。半年后李某经诊断为气管肿瘤癌变，向该保险公司提出索赔申请。该保险公司以李某患慢性支气管炎投保时未告知而严重影响其承保决定为由拒赔。李某起诉请求判令该公司履行保险合同，赔付医疗费用。

审理法院认为，《中华人民共和国保险法》第十六条第一款、第二款规定，订立保险合同，保险人就保险标的或者被保险人的有关情况提出询问的，投保人应当如实告知。投保人故意或者因重大过失未

① 《人民法院老年人权益保护第三批典型案例》，载最高人民检察院网站，https://www.court.gov.cn/zixun-xiangqing-398342.html，2023年11月3日访问。

履行前款规定的如实告知义务，足以影响保险人决定是否同意承保或者提高保险费率的，保险人有权解除合同。本案中，保险公司在保险单需要告知的部分并未询问被保险人是否患有慢性支气管炎。李某在投保时已合理履行如实告知义务，保险公司无权解除该保险合同。李某被诊断为肿瘤癌变，依据癌症医疗保险条款，判决某保险公司继续履行保险合同，支付李某医疗费16万余元。

健康保险是老年人安度晚年的重要保障。目前，针对老年人的保险投保门槛较低，而老年人因为年龄等原因，可能存在一些基础病情况，存在纠纷隐患。本案判决明确投保老年人健康保险时，已根据保险公司询问事项履行如实告知义务。在保险公司询问之外的事项，不属于告知范围。判决有力维护了患重大疾病老年人的合法权益，保障老有所安，同时，也提示保险公司开展此项业务的相关风险，具有一定的典型意义。

相关规定

《海商法》第222~224条；《最高人民法院关于适用〈中华人民共和国保险法〉若干问题的解释（二）》第5~8条

第十七条　保险人说明义务

订立保险合同，采用保险人提供的格式条款的，保险人向投保人提供的投保单应当附格式条款，保险人应当向投保人说明合同的内容。

对保险合同中免除保险人责任的条款，保险人在订立合同时应当在投保单、保险单或者其他保险凭证上作出足以引起投保人注意的提示，并对该条款的内容以书面或者口头形式向投保人作出明确说明；未作提示或者明确说明的，该条款不产生效力。

条文注释

所谓免责条款，是指保险合同中载明的保险人不负赔偿或者给付保险金责任的范围的条款。其范围一般包括：战争或者军事行动所造成的损失；保险标的自身的自然损耗；被保险人故意行为造成的事故；其他不属于保险责任范围的损失等。保险合同中规定有关于保险人责任免除条款的，保险人在订立保险合同时应当向投保人明确说明。如果订立保险合同时保险人未向投保人明确说明保险人在何种情况下免责，那么保险合同中关于保险人免责的条款将不产生法律效力。

保险合同中的免责条款就是保险公司不承担责任的条款。可以分成这样几个层次：第一，不属于合同约定的保险责任范畴。无论是否发生保险事故，保险人均不承担保险责任，也可以认为是法定免责条款。第二，合同约定不由保险人承担责任的条款。实际上，这类条款是指保险人在一定条件下不承担保险责任，也是保险人为了自身利益而与投保人协商确定的保险人可以不承担责任的条款。第三，特别免责条款。在一般情况下，保险人应当承担保险责任，不应轻易免责，但在一些特殊条件下保险人是可以免责的。例如，由于被保险人的过错或投保人隐瞒真相和重大事实导致保险人错误保险，或者发生人力所不能抗拒的自然灾害、战争等，或者为降低保险人的风险约定了特殊的免责条款。在保险合同中，就不承担责任的免责条款，保险人一般会用一些特别的声明性的条款引起投保人的重视，并会向投保人作出特别的说明。

保险合同属于专业性很强的合同，应以具有普通正常理性公民所能理解和认识为前提。保险术语，特别是涉及医疗事故、重大疾病保险方面，除非是医学专业人士，普通人一般难以正确认识和掌握。因此，为体现人性化和公平原则，特别是体现保险防灾救灾，减少、抚平损失的精神，更加需要参与合同各方都能正确把握合同意图，体现真实意思表示，避免产生欺诈。

保险人在进行说明时，既可采取重大、晦涩难懂术语的逐文阐释；也可采取重大条款，如免责、限责条款的是否阅读、理解的明知，是否存在疑点、难点需要进一步解释的答问，以选择判断的方式予以说明；还可以在主合同之后的附注中，特别提示投保人应当认真阅读的事项，以及允许提出疑义和修改要求的合理期间，以便于投保人对是否要投保作出正确选择。

实用问答

1. 问：如何辨别保险合同中的免责条款？

答：保险合同中的免责条款就是保险公司不承担责任的条款。可以分成以下几个层次：第一，不属于合同约定的保险责任范畴。无论是否发生保险事故，保险人均不承担保险责任，也可以认为是法定免责条款。第二，合同约定不由保险人承担责任的条款。实际上，这类条款是指保险人在一定条件下不承担保险责任，也是保险人为了自身利益而与投保人协商确定的保险人可以不承担责任的条款。第三，特别免责条款。在一般情况下，保险人应当承担保险责任，不应轻易免责，但在一些特殊条件下保险人是可以免责的。例如，由于被保险人的过错，投保人隐瞒真相和重大事实，导致保险人错误保险，或者人力所不能抗拒的自然灾害、战争等，也有的是为了保险人的风险降低，特别约定免责条款。

在保险合同中，保险人不承担责任的免责条款，保险人一般会用特别的一些声明性的条款引起投保人的重视，并会对投保人作出特别的说明，即为免责条款的范畴。

2. 问：对于免责条款或限责条款的明确说明，保险公司应当以何种形式来履行说明义务？

答：保险合同属于专业性很强的合同。保险术语，特别是涉及医疗事故、重大疾病保险方面，除非是医学专业人士，一般普通百姓难以正确认识和掌握。因此，为体现人性化和公平原则，特别是体现保险防灾救灾，减少、抚平损失的精神，更加需要参与合同各方都能正确把握合同意图，体现真实意思表示，避免产生欺诈。

保险人在进行说明时，既可采取重大、晦涩难懂术语的逐文阐释；也可采取重大条款，如免责、限责条款的是否阅读、理解的明知，是否存在疑点、难点需要进一步解释的答问，以选择判断的方式予以说明；还可以在主合同之后的附注中，特别提示投保人应当认真阅读的事项，以及允许提出疑义和修改要求的合理期间，以便于投保人对是否要投保作出正确选择。

3. 问："自助式保险卡"的如实告知义务如何界定？

答：保险人或其委托的代理人出售"自助式保险卡"未尽说明义务，又未对相关事项向投保人提出询问，自行代替投保人激活保险卡形成数据电文形式的电子保险单，在保险合同生效后，保险人以电子保险单内容不准确，投保人违反如实告知义务为由主张解除保险合同的，人民法院不予支持。

典型案例

段某某等与保险公司南京市分公司人身保险合同纠纷案（人民法院高质量服务保障长三角一体化发展典型案例[①]之十一）

2020 年 5 月 14 日，M 平台注册众包骑手叶某某从 M 平台首次接

① 《人民法院高质量服务保障长三角一体化发展典型案例》，载最高人民法院网站，https://www.court.gov.cn/zixun/xiangqing/400542.html，2023 年 11 月 10 日访问。

单时，科技公司为其在保险公司南京市分公司投保了M骑手保障组合产品保险，其中意外身故、残疾保额60万元，叶某某为此支付保费3元，由M平台扣收。该险种的客户群体为众包骑手。保险公司南京市分公司出具的“M骑手保障组合产品保险单（电子保单）”上并无投保人和被保险人签名或签章。投保后，叶某某的M平台APP中“保险说明”第1条载明“突发疾病身故：最高赔偿限额60万元人民币。在保险合同保险期间内，被保险人在工作时间和工作岗位突发疾病死亡或者在48小时之内经抢救无效死亡（既往症原因除外），保险人按照保险合同约定的保险金额给付突发疾病身故保险金，本附加保险合同终止”。第2条载明“保险期间为被保险人当日第一次接单开始至当日24时，如在当日24时送单尚未结束的，保险期间最长可延续至次日凌晨1时30分，最长为25.5小时”。第3条第3款载明“由既往病史导致的突发疾病身故不属于保险责任；如发生猝死事故，必须由有鉴定资格的医院或者公安部门指定法医鉴定机构进行尸检以确定死亡原因，如未能提供相关证明材料导致无法确定死亡原因的，在已有证据可排除既往症原因的情况下，保险人按不超过身故限额的10%进行赔付”。

投保当日18时40分，叶某某在某商业街晕倒，被接警民警送至甲医院救治，门诊诊断叶某某为脑出血。后叶某某被转往乙医院继续救治，该院门诊病历记载处理意见为：脑干出血、双瞳散大、无自主呼吸，无手术指征、预后不良，随时有死亡可能、维持生命体征。2020年5月15日，叶某某出院，出院诊断为“脑干出血、高血压”，出院情况为“深昏迷、双侧瞳孔散大固定、对光反射消失、刺痛无反应、机械通气中，去甲肾上腺素维持血压”。当日，叶某某在家中死亡，原因为脑内出血。

叶某某妻子段某某、母亲季某某、儿子叶某遂提起诉讼，请求法院判令保险公司南京市分公司支付叶某某死亡赔偿金60万元。保险公司南京市分公司辩称，案涉事故发生时，叶某某配送的是E平台订单，而非M平台订单，不符合保险合同生效条件；叶某某真实死因未能查明，保险公司仅应承担不超过身故责任限额10%的赔偿责任。

安徽省芜湖经济技术开发区人民法院于2020年12月17日作出（2020）皖0291民初3635号民事判决：保险公司南京市分公司支付段某某、季某某、叶某死亡赔偿金60万元。保险公司南京市分公司不服一审判决，提起上诉。安徽省芜湖市中级人民法院于2021年5月20日作出（2021）皖02民终799号民事判决：驳回上诉，维持原判。

法院生效裁判认为：本案争议焦点为案涉保险合同是否生效，案涉事故是否属于保险理赔范围，保险公司南京市分公司主张的免赔事由是否成立。

关于案涉保险合同是否生效问题。外卖骑手分为“专送骑手”和“众包骑手”，后者是指通过面向公众开放的外卖平台APP注册，自行决定是否接单配送的骑手。外卖平台对“众包骑手”的工作时间、接单数量等不作硬性要求。“众包骑手”具有工作时间碎片化以及工作地点自由化特征，可同时选择在多个外卖平台工作，与平台之间的关系归属并不唯一，人身依附性并不紧密。叶某某虽在M平台注册，但M平台并未对叶某某工作时间、接单数量等作出限制，其可接其他外卖平台订单配送业务，显然属于“众包骑手”。案涉保险为商业保险而非工伤保险，投保目的是保障骑手的人身安全及分担致人损害的赔偿责任，保费出自骑手，保险受益人是骑手而非M平台。案涉保险投保方式系电子投保，叶某某在接受第一单外卖派送时购买当天的意外险，自系统扣收骑手保费之时，保险合同生效。

关于案涉事故是否属于保险理赔范围问题。案涉“保险说明”载明，最长保险期间是从骑手首次接单时起至次日凌晨1时30分止；保险范围包括被保险人在工作时间和工作岗位突发疾病死亡或者在48小时之内经抢救无效死亡。案涉保险保障的是骑手人身权益而非M平台权益，客户群体为“众包骑手”。保险公司南京市分公司作为保险格式合同的提供方，应知悉该类被保险人的工作特性及可能存在的风险隐患，若其基于降低自身赔付风险的考量，则需对“众包骑手”的兼职属性进行限制，并在保险条款中明确注明若“众包骑手”配送投保平台之外的订单发生保险事故时不予理赔，但其在保险条款中并未特别说明。故投保人叶某某在保险期间内因脑内出血死亡，符合保险合同约定的48小时之内经抢救无效死亡情形，属于保险理赔范围。

关于保险公司南京市分公司主张的免赔事由是否成立问题。案涉保险单及“众包骑手”意外保险说明系格式条款，该条款由保险公司南京市分公司单方提供，供不特定投保人重复使用。保险公司南京市分公司有义务对保险合同中免除保险人责任的条款，在投保单、保险单或其他保险凭证上作出足以引起投保人注意的提示，并对该条款的内容以书面或口头形式向投保人作出说明；未作提示或说明的，该条款不产生效力。案涉保险以电子投保的形式购买，保险公司南京市分公司主张的因既往病史导致突发身故，以及需有相关鉴定资质机构确定死因的免赔条款，显然属于免除保险人责任条款，其应提交充分有效的证据证明已提请对方注意，如在合同中用黑体字予以特别标记，或以颜色、大小、下划线等方式进行特别标记等。但从本案现有证据看，保险公司南京市分公司并未履行相应的提示和说明义务，故保险公司南京市分公司主张的免赔事由不能成立。

相关规定

《民法典》第496条、第498条；《海商法》第222条、第223条；《最高人民法院关于适用〈中华人民共和国保险法〉若干问题的解释（二）》第9~13条、第17条

第十八条 保险合同内容

保险合同应当包括下列事项：

（一）保险人的名称和住所；

（二）投保人、被保险人的姓名或者名称、住所，以及人身保险的受益人的姓名或者名称、住所；

（三）保险标的；

（四）保险责任和责任免除；

（五）保险期间和保险责任开始时间；

（六）保险金额；

（七）保险费以及支付办法；

（八）保险金赔偿或者给付办法；

（九）违约责任和争议处理；

（十）订立合同的年、月、日。

投保人和保险人可以约定与保险有关的其他事项。

受益人是指人身保险合同中由被保险人或者投保人指定的享有保险金请求权的人。投保人、被保险人可以为受益人。

保险金额是指保险人承担赔偿或者给付保险金责任的最高限额。

条文注释

保险标的，是指作为保险对象的财产及其有关利益或者人的寿命和身体，它既是确定危险程度和保险利益的重要依据，也是决定保险种类、确定保险金额和选定保险费率的依据。订立保险合同时，保险标的必须明确记载于保险合同中，这样一方面可以认定投保人是否具有保险利益，另一方面可以确定保险人对哪些承保对象承担保险责任。

保险责任，是指保险人按照合同约定，对于可能发生的事故因其发生所造成的财产损失，或者当被保险人死亡、伤残、疾病或者达到合同约定的年龄、期限时承担的赔偿或者给付保险金的责任。在保险合同中，保险责任条款具体规定了保险人所承担的风险范围，保险种类不同，保险责任也不相同。

实用问答

问：保险当事人之间如何约定与保险有关的其他事项？

答：由于保险种类很多，每一个保险人的保险业务方式也不尽相同，因此保险合同除法定记载事项外，投保人和保险人还可以就与保险有关的其他事项作出约定，这些针对其他事项所作的约定也就是保险合同的特约条款。所谓保险合同的特约条款，是指保险合同当事人于基本条款之外，自由约定的履行特种义务的条款，其实质是对基本条款的修正或者限制。在保险实务中保险合同的特约条款具体包括：

（1）附加条款。保险合同当事人双方常常根据需要，在保险单基本条款的基础上，附加一些补充条文，用以扩大或者限制原基本条款中所规定的权利和义务，这些补充就是附加条款，通常主要有：防灾防损条款、危险增加条款、保证条款、退赔条款、无赔偿优惠条款、保险事故通知条款、索赔期限条款、代位求偿条款、保险标的条款、保险标的的过户和保险单的转让条款中的贷款条款、自杀条款、误报年龄条款、年龄限制条款等。

（2）保证条款。保证条款是指保险人要求被保险人保证做或者不做某事，或者保证某事态存在或者不存在，否则就是违背保证；保证如被违背，保险人自被保险人违背保证之日起即有权解除合同，因此保证条款实际上是一种消极性的特约条款。

保险合同中记载的内容不一致的，按照下列规则认定：（1）投保单与保险单或者其他保险凭证不一致的，以投保单为准。但不一致的情形系经保险人说明并经投保人同意的，以投保人签收的保险单或者其他保险凭证载明的内容为准。（2）非格式条款与格式条款不一致的，以非格式条款为准。（3）保险凭证记载的时间不同的，以形成时间在后的为准。（4）保险凭证存在手写和打印两种方式的，以双方签字、盖章的手写部分的内容为准。

相关规定

《最高人民法院关于适用〈中华人民共和国保险法〉若干问题的解释（二）》第14条

第十九条 无效格式条款

采用保险人提供的格式条款订立的保险合同中的下列条款无效：

（一）免除保险人依法应承担的义务或者加重投保人、被保险人责任的；

（二）排除投保人、被保险人或者受益人依法享有的权利的。

实用问答

1. 问：什么是格式条款？

答：格式条款是当事人为了重复使用而预先拟定，并在订立合同时未与对方协商的条款。使用格式条款的好处是简洁、省时、方便、降低交易成本，但其弊端是格式条款的提供者极有可能凭借自己的优势地位损害合同相对方的利益，这一点在消费者作为合同相对方的时候特别突出，必须在立法上予以限制。

2. 问：保险合同格式条款限定被保险人治疗方式被认定无效吗？

答：保险公司以保险合同格式条款限定被保险人患病时的治疗方式，既不符合医疗规律，也违背保险合同签订的目的。被保险人有权根据自身病情选择最佳的治疗方式，而不必受保险合同关于治疗方式的限制。保险公司不能以被保险人没有选择保险合同指定的治疗方式而免除自己的保险责任。

相关规定

《民法典》第 497 条

第二十条 保险合同变更

投保人和保险人可以协商变更合同内容。

变更保险合同的，应当由保险人在保险单或者其他保险凭证上批注或者附贴批单，或者由投保人和保险人订立变更的书面协议。

条文注释

保险合同内容的变更即体现双方权利义务关系的合同条款变更，可分为两种情况：一是投保人根据需要而变更合同的某些条款，如延长或者缩短保险期，增加或者减少保险费等。二是当情况发生变化，依照法律规定，必须变更保险合同的内容时，投保人需及时通知保险人更改合同的某些条款。实践中保险合同内容的变更是经常的，如财产保险中，标的种类的变化、数量的增减、存放地点、占用性质、危险程度、危险责任、保险期限、保险金额、保险费缴纳办法等内容变化；人身保险被保险人职业的变化，保险金额的增减、缴费方法的变更等，都可能引起保险合同的变更。

实用问答

问：如何变更保险合同的内容？

答：保险合同内容的变更会影响到保险合同当事人的权益及保险风险的大小，因此，保险合同的变更应当采用法定形式，经过一定的法律程序方可实施。依照本条第2款的规定，变更保险合同的，应当由保险人在保险单或者其他保险凭证上批注或者附贴批单，或者由投保人和保险人订立变更的书面协议。这也就是说，变更保险合同的法定形式有两种：一是由保险人在原保险单或者其他保险凭证上批注或者附贴批单；二是由投保人和保险人订立变更的书面协议。其中批单是变更保险合同时使用的一种保险单证，上面列明变更的条款内容，一般附贴在原保单或保险凭证之上，批单需由保险人签署。

相关规定

《民法典》第543条；《海商法》第229条、第230条

第二十一条 通知义务

投保人、被保险人或者受益人知道保险事故发生后，应当及时通知保险人。故意或者因重大过失未及时通知，致使保险事故的性质、原因、损失程度等难以确定的，保险人对无法确定

的部分，不承担赔偿或者给付保险金的责任，但保险人通过其他途径已经及时知道或者应当及时知道保险事故发生的除外。

条文注释

适用上述规定，应当注意以下三点：一是投保人、被保险人或者受益人主观上必须是出于故意或者重大过失；二是保险人不能通过其他途径已经及时知道或者应当及时知道保险事故发生；三是保险人不承担赔偿或者给付保险金的责任的范围仅限于保险事故的性质、原因、损失程度等难以确定的部分。

第二十二条 协助义务

保险事故发生后，按照保险合同请求保险人赔偿或者给付保险金时，投保人、被保险人或者受益人应当向保险人提供其所能提供的与确认保险事故的性质、原因、损失程度等有关的证明和资料。

保险人按照合同的约定，认为有关的证明和资料不完整的，应当及时一次性通知投保人、被保险人或者受益人补充提供。

实用问答

问：本条所称的“有关的证明和资料”是指哪些?

答：这里所讲的“有关的证明和资料”主要是指：（1）保险单或者保险凭证的正本；（2）已支付保险费的凭证；（3）账册、收据、发票、装箱单、运输合同等有关保险财产的原始单据；（4）身份证、工作证、户口簿或者其他有关人身保险的被保险人姓名、年龄、职业等情况的证明材料；（5）确认保险事故的性质、原因、损失程度等的证明和资料，如调查检验报告、出险证明书、损害鉴定、被保险人死亡证明或者丧失劳动能力程度鉴定、责任案件的结论性意见等；(6) 索赔清单，如受损财产清单、各种费用清单、其他要求保险人给付的详细清单等。

第二十三条 理赔

保险人收到被保险人或者受益人的赔偿或者给付保险金的请求后，应当及时作出核定；情形复杂的，应当在三十日内作出核定，但合同另有约定的除外。保险人应当将核定结果通知被保险人或者受益人；对属于保险责任的，在与被保险人或者受益人达成赔偿或者给付保险金的协议后十日内，履行赔偿或者给付保险金义务。保险合同对赔偿或者给付保险金的期限有约定的，保险人应当按照约定履行赔偿或者给付保险金义务。

保险人未及时履行前款规定义务的，除支付保险金外，应当赔偿被保险人或者受益人因此受到的损失。

任何单位和个人不得非法干预保险人履行赔偿或者给付保险金的义务，也不得限制被保险人或者受益人取得保险金的权利。

典型案例

1. 李俊潇诉中国平安财产保险股份有限公司北京分公司保险合同纠纷案（《最高人民法院公报》2021 年第 12 期）

原告李俊潇名下的京 A×××××6 号小客车在被告平安保险公司投保了交强险、机动车损失保险和机动车第三者责任保险，平安保险公司予以承保。其中机动车损失保险的保险限额为 250650 元，机动车第三者责任保险的保险限额为 50 万元，均不计免赔。保险期间均为自2018年4月25日0时起至2019年4月24日24时止。车辆登记的使用性质为非营业，被保险人为李俊潇。机动车综合商业保险单“重要提示”部分记载如下内容：1. 本保险合同由保险条款、投保单、保险单、批单和特别约定组成。2. 收到本保险单、承保险种对应的保险条款后，请立即核对，如有不符或疏漏，请及时通知保险人并办理变更或补充手续。3. 请详细阅读承保险种对应的保险条款，特别是责任免除和赔偿处理。4. 被保险机动车因改装、加装、改变使用性质等导致危险程度显著增加以及转卖、转让、赠送他人的，应通知保险人。5. 被保险人应当在保险事故发生后及时通知保险人。

订立上述保险合同所适用的保险条款是被告平安保险公司提供的格式条款，名称为《机动车综合商业保险条款（2014版）》，该条款第一章“机动车损失保险”的“责任免除”部分第八条第（五）项约定：被保险机动车被转让、改装、加装或改变使用性质等，被保险人、受让人未及时通知保险人，且因转让、改装、加装或改变使用性质导致危险程度显著增加的，由此导致的被保险机动车的损失和费用，保险人不负责赔偿。

2018年12月17日20时51分，在海淀区永丰路与丰滢东路交叉处，原告李俊潇驾驶被保险车辆与宋强驾驶的晋D××××3号小轿车发生交通事故，事故造成上述两车受损。北京市公安局公安交通管理局海淀交通支队温泉大队出具交通事故认定书，认定李俊潇负全责。

2018年12月18日，京A×××××6号小客车在北京环耀汽车服务有限公司入场维修，维修费共计67729元；同日，晋D××××3号小客车在北京华泰昌汽车贸易有限公司入场维修，维修费共计66753.90元。上述费用均已经由原告李俊潇实际支付。

2019年1月18日，被告平安保险公司向原告李俊潇出具了拒赔通知书，载明如下内容：此次事故造成的损失不属于平安保险公司责任范围，理由在于标的车改变使用性质，违反《机动车综合商业保险条款（2014版）》第一章第八条第五款、第二章第二十五条第三款的规定。

另查，原告李俊潇系泰康保险集团股份有限公司职员，就职部门为数据信息中心服务管理部，劳动合同中记载的李俊潇的居住地为通州区富力惠兰美居。

2018年12月17日20时45分，李俊潇承接了嘀嗒顺风车单，该行程为赵庄村公交站至皮村环岛。诉讼中，李俊潇称该公司的数据信息中心服务管理部距赵庄村公交车一站地。

诉讼中，被告平安保险公司出具了定损报告两份，定损报告显示：事故发生后，平安保险公司在北京环耀汽车服务有限公司对京A××××6号小客车进行了定损，定损金额为59007元，在北京华泰昌汽车贸易有限公司对晋D××××3号小客车进行了定损，定损金额为54503.58元。上述定损报告既无修理厂签章，也无车主签字。

诉讼中，被告平安保险公司对涉诉两辆车的维修项目和维修价格提出异议，但明确表示不申请鉴定。

生效裁判认为，在本案中，一审法院依据查明的被上诉人李俊潇的职业状况、涉诉行程的始发地与李俊潇的工作地点的距离，目的地与李俊潇居住地区域的距离以及乘车费用等因素综合认定李俊潇驾驶车辆运送搭乘者的行为为顺风车，不具有营运性质，具有较充分的事实依据，并无不当。应当指出，李俊潇通过“嘀嗒出行”平台发布行程，属于网约车性质，但网约车并不必然具有营运性质；事故发生时间为晚间亦不是免除保险公司相应赔偿责任的事由；此外，上诉人平安保险公司亦未能举证证明案涉乘车费用超过了行程的实际成本。

2. 保险人怠于履行法定定损、理赔的义务及延期支付维修款，造成被保险人损失应当承担民事赔偿责任——保险公司大庆支公司与选煤公司财产损失保险合同纠纷案（2021年全国法院十大商事案件[①]之十）

选煤公司用于运输的货车在保险公司大庆支公司投保交强险和商业险。该货车发生交通事故后，选煤公司多次催促保险公司大庆支公司对事故车辆核定损失并支付维修款，但保险公司大庆支公司拖延定损且逾期支付维修款，进而导致选煤公司产生车辆停运损失。

黑龙江省七台河市中级人民法院审理认为，被保险人系营运车辆的经营者，《中华人民共和国保险法》对保险人理赔核定期限作了明确规定，约束保险人及时履行相应义务。保险人怠于履行法定定损、理赔的义务及延期支付维修款，造成被保险人损失，应当承担民事赔偿责任。

● *相关规定*

《最高人民法院关于适用〈中华人民共和国保险法〉若干问题的解释（二）》第15条

第二十四条 拒绝赔付通知

保险人依照本法第二十三条的规定作出核定后，对不属于保险责任的，应当自作出核定之日起三日内向被保险人或者受益人发出拒绝赔偿或者拒绝给付保险金通知书，并说明理由。

---

① 《2021年全国法院十大商事案件》，载最高人民法院网站，https：//www. court. gov. cn/zixun-xiangqing-344441. html，2023年11月3日访问。

第二十五条 先行赔付

保险人自收到赔偿或者给付保险金的请求和有关证明、资料之日起六十日内，对其赔偿或者给付保险金的数额不能确定的，应当根据已有证明和资料可以确定的数额先予支付；保险人最终确定赔偿或者给付保险金的数额后，应当支付相应的差额。

实用问答

问：什么情况下可以先予支付保险金？

答：具体来讲，符合先予支付保险金的条件是：（1）属于保险责任；（2）收到索赔申请和有关证明、资料之日起满六十日；（3）保险人赔偿或者给付保险金的数额不能确定。如果符合上述条件，保险人应当根据已有证明和资料可以确定的数额，先予支付保险金。

第二十六条 诉讼时效

人寿保险以外的其他保险的被保险人或者受益人，向保险人请求赔偿或者给付保险金的诉讼时效期间为二年，自其知道或者应当知道保险事故发生之日起计算。

人寿保险的被保险人或者受益人向保险人请求给付保险金的诉讼时效期间为五年，自其知道或者应当知道保险事故发生之日起计算。

相关规定

《最高人民法院关于适用〈中华人民共和国保险法〉若干问题的解释（四）》第18条

第二十七条 保险欺诈

未发生保险事故，被保险人或者受益人谎称发生了保险事故，向保险人提出赔偿或者给付保险金请求的，保险人有权解除合同，并不退还保险费。

投保人、被保险人故意制造保险事故的，保险人有权解除合同，不承担赔偿或者给付保险金的责任；除本法第四十三条规定外，不退还保险费。

保险事故发生后，投保人、被保险人或者受益人以伪造、变造的有关证明、资料或者其他证据，编造虚假的事故原因或者夸大损失程度的，保险人对其虚报的部分不承担赔偿或者给付保险金的责任。

投保人、被保险人或者受益人有前三款规定行为之一，致使保险人支付保险金或者支出费用的，应当退回或者赔偿。

条文注释

为保护保险人的合法权益，防止保险欺诈，本条规定严格禁止投保人、被保险人、受益人进行保险欺诈。根据本条规定，投保人、被保险人、受益人进行保险欺诈主要有三种情形：

（1）在未发生保险事故的情况下谎称发生了保险事故。在这种情形下，当事人通常会伪造事故现场，编造事故原因，伪造有关证明文件和资料等，以骗取保险人的信任，非法取得保险金。

（2）故意制造保险事故。如有的以死亡为给付保险金条件的保险合同的投保人，为了获取保险金而杀害被保险人或者造成被保险人伤残、染病；有的财产保险合同的被保险人纵火烧毁保险财产等。在这种情形下，虽然确实发生了被保险人死亡、伤残或者保险财产损失等事故，但这种事故是投保人、被保险人图谋获取保险金而故意制造的，因此这种事故不属于保险合同约定的保险事故。投保人、被保险人故意制造保险事故的行为，显然是一种保险欺诈行为。

（3）保险事故发生后，投保人、被保险人或者受益人以伪造、变造的有关证明、资料或者其他证据，编造虚假的事故原因或者夸大损失程度。这种情形是指确实有保险事故发生，但投保人、被保险人或者受益人并不是根据保险事故实际所造成的人身伤残情况或者财产损失情况提出赔付保险金的请求，而是弄虚作假，伪造证据，夸大人身损害程度或者财产损失程度，企图得到超额的赔付。

● *相关规定*

《刑法》第 198 条

第二十八条 再保险

保险人将其承担的保险业务，以分保形式部分转移给其他保险人的，为再保险。

应再保险接受人的要求，再保险分出人应当将其自负责任及原保险的有关情况书面告知再保险接受人。

● *条文注释*

再保险又称第二次保险也叫分保，是指保险人在原保险合同的基础上，通过订立合同，将其承担的保险业务，以承保形式，部分转移给其他保险人。进行再保险，可以分散保险人的风险，有利于其控制损失，稳定经营。再保险是在原保险合同的基础上建立的。在再保险关系中，直接接受保险业务的保险人称为原保险人，也叫再保险分出人；接受分出保险责任的保险人称为再保险接受人，也叫再保险人。

再保险的权利义务关系是由再保险分出人与再保险接受人通过订立再保险合同确立的。再保险合同的存在虽然是以原保险合同的存在为前提，但两者在法律上是各自独立存在的合同，所以再保险的权利义务关系与原保险的权利义务关系，是相互独立的法律关系，不能混淆。

第二十九条 再保险的保费及赔付

再保险接受人不得向原保险的投保人要求支付保险费。

原保险的被保险人或者受益人不得向再保险接受人提出赔偿或者给付保险金的请求。

再保险分出人不得以再保险接受人未履行再保险责任为由，拒绝履行或者迟延履行其原保险责任。

第三十条 争议条款解释

采用保险人提供的格式条款订立的保险合同，保险人与投保人、被保险人或者受益人对合同条款有争议的，应当按照通常理解予以解释。对合同条款有两种以上解释的，人民法院或者仲裁机构应当作出有利于被保险人和受益人的解释。

条文注释

实践中，除少数保险合同外，多数保险合同采取保险人提供的格式条款订立。由于保险的专业性很强，对于投保人、被保险人、受益人来讲，一些术语、名词很难理解，一旦发生纠纷，保险人处于明显的优势地位。为了保护投保人、被保险人、受益人的合法权益，本法第 17 条规定保险人应当向投保人说明合同的内容，并对合同中免除保险人责任的条款作出说明，否则，该条款不生效力。同时，依照民法典合同编对格式条款的解释原则，本条规定了对采用格式条款订立的保险合同的解释原则：（1）保险人与投保人、被保险人、受益人对合同条款有争议的，应当按照通常理解予以解释。所谓“通常理解”是指既不采纳保险人的解释，也不采纳投保人、被保险人、受益人的解释，而是按照一般人的理解来解释。（2）如果对合同条款有两种以上通常解释的，人民法院或者仲裁机构应当作出有利于被保险人和受益人的解释。

典型案例

海南丰海粮油工业有限公司诉保险公司海南省分公司海上货物运输保险合同纠纷案（最高人民法院指导案例52号）

1995年11月28日，海南丰海粮油工业有限公司（以下简称丰海公司）在保险公司海南省分公司（以下简称海南人保）投保了由印度尼西亚籍“哈卡”轮（HAGAAG）所运载的自印度尼西亚杜迈港至中国洋浦港的4999.85吨桶装棕榈油，投保险别为一切险，货价为3574892.75美元，保险金额为3951258美元，保险费为18966美元。投保后，丰海公司依约向海南人保支付了保险费，海南人保向丰海公司发出了起运通知，签发了海洋货物运输保险单，并将海洋货物运输保险条款附于保单之后。根据保险条款规定，一切险的承保范围除包括平安险和水渍险的各项责任外，海南人保还“负责被保险货物在运输途中由于外来原因所致的全部或部分损失”。该条款还规定了5项除外责任。上述投保货物是由丰海公司以CNF价格向新加坡丰益私人有限公司（以下简称丰益公司）购买的。根据买卖合同约定，发货人丰益公司与船东代理梁国际代理有限公司（以下简称梁国际）签订一份租约。该租约约定由“哈卡”轮将丰海公司投保的货物5000吨棕榈油运至中国洋浦港，将另1000吨棕榈油运往香港。

1995年11月29日，“哈卡”轮的期租船人、该批货物的实际承运人印度尼西亚PT. SAMUDERA INDRA公司（以下简称PSI公司）签发了编号为DM/YPU/1490/95的已装船提单。该提单载明船舶为“哈卡”轮，装货港为印度尼西亚杜迈港，卸货港为中国洋浦港，货物唛头为BATCH NO. 80211/95，装货数量为4999.85吨，清洁、运费已付。据查，发货人丰益公司将运费支付给梁国际，梁国际已将运费支付给PSI公司。1995年12月14日，丰海公司向其开证银行付款赎单，取得了上述投保货物的全套（3份）正本提单。1995年11月23日至29日，“哈卡”轮在杜迈港装载31623桶、净重5999.82吨四海牌棕榈油启航后，由于“哈卡”轮船东印度尼西亚PT. PERUSAHAAN PELAYARAN BAHTERA BINTANG SELATAN公司（以下简称BBS公司）与该轮的期租船人PSI公司之间因船舶租金发生纠纷，“哈卡”轮中止了提单约定的航程并对外封锁了该轮的动态情况。

为避免投保货物的损失，丰益公司、丰海公司、海南人保多次派代表参加“哈卡”轮船东与期租船人之间的协商，但由于船东以未收到租金为由不肯透露“哈卡”轮行踪，多方会谈未果。此后，丰益公司、丰海公司通过多种渠道交涉并多方查找“哈卡”轮行踪，海南人保亦通过其驻外机构协助查找“哈卡”轮。直至1996年4月，“哈卡”轮走私至中国汕尾被我海警查获。根据广州市人民检察院穗检刑免字（1996）64号《免予起诉决定书》的认定，1996年1月至3月，“哈卡”轮船长埃里斯·伦巴克根据BBS公司指令，指挥船员将其中11325桶、2100多吨棕榈油转载到属同一船公司的“依瓦那”和“萨拉哈”货船上运走销售，又让船员将船名“哈卡”轮涂改为“伊莉莎2”号（ELIZA Ⅱ）。1996年4月，更改为“伊莉莎2”号的货船载剩余货物20298桶棕榈油走私至中国汕尾，4月16日被我海警查获。上述20298桶棕榈油已被广东省检察机关作为走私货物没收上缴国库。1996年6月6日丰海公司向海南人保递交索赔报告书，8月20日丰海公司再次向海南人保提出书面索赔申请，海南人保明确表示拒赔。丰海公司遂诉至海口海事法院。

丰海公司是海南丰源贸易发展有限公司和新加坡海源国际有限公司于1995年8月14日开办的中外合资经营企业。该公司成立后，就与海南人保建立了业务关系。1995年10月1日至同年11月28日（本案保险单签发前）就发生了4笔进口棕榈油保险业务，其中3笔投保的险别为一切险，另1笔为“一切险附加战争险”。该4笔保险均发生索赔，其中有因为一切险范围内的货物短少、破漏发生的赔付。

海口海事法院于1996年12月25日作出（1996）海商初字第096号民事判决：一、海南人保应赔偿丰海公司保险价值损失3593858.75美元；二、驳回丰海公司的其他诉讼请求。宣判后，海南人保提出上诉。海南省高级人民法院于1997年10月27日作出（1997）琼经终字第44号民事判决：撤销一审判决，驳回丰海公司的诉讼请求。丰海公司向最高人民法院申请再审。最高人民法院于2003年8月11日以（2003）民四监字第35号民事裁定，决定对本案进行提审，并于2004年7月13日作出（2003）民四提字第5号民事判决：一、撤销海南省高级人民法院（1997）琼经终字第44号民事判决；二、维持海口海事法院（1996）海商初字第096号民事判决。

最高人民法院认为：本案为国际海上货物运输保险合同纠纷，被保险人、保险货物的目的港等均在中华人民共和国境内，原审以中华人民共和国法律作为解决本案纠纷的准据法正确，双方当事人亦无异议。

丰海公司与海南人保之间订立的保险合同合法有效，双方的权利义务应受保险单及所附保险条款的约束。本案保险标的已经发生实际全损，对此发货人丰益公司没有过错，亦无证据证明被保险人丰海公司存在故意或过失。保险标的的损失是由于“哈卡”轮船东BBS公司与期租船人之间的租金纠纷，将船载货物运走销售和走私行为造成的。本案争议的焦点在于如何理解涉案保险条款中一切险的责任范围。

二审审理中，海南省高级人民法院认为，根据保险单所附的保险条款和保险行业惯例，一切险的责任范围包括平安险、水渍险和普通附加险（即偷窃提货不着险、淡水雨淋险、短量险、沾污险、渗漏险、碰损破碎险、串味险、受潮受热险、钩损险、包装破损险和锈损险），中国人民银行《关于〈海洋运输货物保险“一切险”条款解释的请示〉的复函》亦作了相同的明确规定。可见，丰海公司投保货物的损失不属于一切险的责任范围。此外，鉴于海南人保与丰海公司有长期的保险业务关系，在本案纠纷发生前，双方曾多次签订保险合同，并且海南人保还作过一切险范围内的赔付，所以丰海公司对本案保险合同的主要内容、免责条款及一切险的责任范围应该是清楚的，故认定一审判决适用法律错误。

根据涉案“海洋运输货物保险条款”的规定，一切险除了包括平安险、水渍险的各项责任外，还负责被保险货物在运输过程中由于各种外来原因所造成的损失。同时保险条款中还明确列明了五种除外责任，即：①被保险人的故意行为或过失所造成的损失；②属于发货人责任所引起的损失；③在保险责任开始前，被保险货物已存在的品质不良或数量短差所造成的损失；④被保险货物的自然损耗、本质缺陷、特性以及市价跌落、运输迟延所引起的损失；⑤本公司海洋运输货物战争险条款和货物运输罢工险条款规定的责任范围和除外责任。从上述保险条款的规定看，海洋运输货物保险条款中的一切险条款具有如下特点：

1. 一切险并非列明风险，而是非列明风险。在海洋运输货物保险条款中，平安险、水渍险为列明的风险，而一切险则为平安险、水渍险再加上未列明的运输途中由于外来原因造成的保险标的的损失。

2. 保险标的的损失必须是外来原因造成的。被保险人在向保险人要求保险赔偿时，必须证明保险标的的损失是因为运输途中外来原因引起的。外来原因可以是自然原因，亦可以是人为的意外事故。但是一切险承保的风险具有不确定性，要求是不能确定的、意外的、无法列举的承保风险。对于那些预期的、确定的、正常的危险，则不属于外来原因的责任范围。

3. 外来原因应当限于运输途中发生的，排除了运输发生以前和运输结束后发生的事故。只要被保险人证明损失并非因其自身原因，而是由于运输途中的意外事故造成的，保险人就应当承担保险赔偿责任。

根据保险法的规定，保险合同中规定有关于保险人责任免除条款的，保险人在订立合同时应当向投保人明确说明，未明确说明的，该条款仍然不能产生效力。据此，保险条款中列明的除外责任虽然不在保险人赔偿之列，但是应当以签订保险合同时，保险人已将除外责任条款明确告知被保险人为前提。否则，该除外责任条款不能约束被保险人。

关于中国人民银行的复函意见。在保监委成立之前，中国人民银行系保险行业的行政主管机关。1997 年 5 月 1 日，中国人民银行致中国人民保险公司《关于〈海洋运输货物保险“一切险”条款解释的请示〉的复函》中，认为一切险承保的范围是平安险、水渍险及被保险货物在运输途中由于外来原因所致的全部或部分损失。并且进一步提出：外来原因仅指偷窃、提货不着、淡水雨淋等。1998年11月27日，中国人民银行在对《中保财产保险有限公司关于海洋运输货物保险条款解释》的复函中，再次明确一切险的责任范围包括平安险、水渍险及被保险货物在运输途中由于外来原因所致的全部或部分损失。其中外来原因所致的全部或部分损失是指11种一般附加险。鉴于中国人民银行的上述复函不是法律法规，亦不属于行政规章。根据《中华人民共和国立法法》的规定，国务院各部、委员会、中国人民银行、国家审计署以及具有行政管理职能的直属机构，可以根据法律和国务院的行政法规、决定、命令，在本部门的权限范围内，制定规章；部门规章规定的事项应当属于执行法律或者国务院的行政法规、决定、命令的事项。因此，保险条款亦不在职能部门有权制定的规章范围之内，故中国人民银行对保险条款的解释不能作为约束被保险人的依据。另外，中国人民银行关于一切险的复函属于对保险合同条款的解释。而对于平等主体之间签订的保险合同，依法只有人民法院和仲裁机构才有权作出约束当事人的解释。为此，上述复函不能约束被保险人。要使该复函所做解释成为约束被保险人的合同条款，只能是将其作为保险合同的内容附在保险单中。之所以产生中国人民保险公司向主管机关请示一切险的责任范围，主管机关对此作出答复，恰恰说明对于一切险的理解存在争议。而依据保险法第31条的规定，对于保险合同的条款，保险人与投保人、被保险人或者受益人有争议时，人民法院或者仲裁机关应当作有利于被保险人和受益人的解释。作为行业主管机关作出对本行业有利的解释，不能适用于非本行业的合同当事人。

综上，应认定本案保险事故属一切险的责任范围。二审法院认为丰海公司投保货物的损失不属一切险的责任范围错误，应予纠正。丰海公司的再审申请理由依据充分，应予支持。

第二节　人身保险合同

第三十一条　人身保险利益

投保人对下列人员具有保险利益：

（一）本人；

（二）配偶、子女、父母；

（三）前项以外与投保人有抚养、赡养或者扶养关系的家庭其他成员、近亲属；

（四）与投保人有劳动关系的劳动者。

除前款规定外，被保险人同意投保人为其订立合同的，视为投保人对被保险人具有保险利益。

订立合同时，投保人对被保险人不具有保险利益的，合同无效。

相关规定

《最高人民法院关于适用〈中华人民共和国保险法〉若干问题的解释（二）》第2条；《最高人民法院关于适用〈中华人民共和国保险法〉若干问题的解释（三）》第3条、第4条

第三十二条　申报年龄不真实的处理

投保人申报的被保险人年龄不真实，并且其真实年龄不符合合同约定的年龄限制的，保险人可以解除合同，并按照合同约定退还保险单的现金价值。保险人行使合同解除权，适用本法第十六条第三款、第六款的规定。

投保人申报的被保险人年龄不真实，致使投保人支付的保险费少于应付保险费的，保险人有权更正并要求投保人补交保险费，或者在给付保险金时按照实付保险费与应付保险费的比例支付。

投保人申报的被保险人年龄不真实，致使投保人支付的保险费多于应付保险费的，保险人应当将多收的保险费退还投保人。

条文注释

保险公司根据人身保险的特点，按照概率计算，确定了承保年龄的最高上限，对超过这一年限的，不予承保。同时，保险公司要以被保险人的年龄为参照值，根据生命表等计算出死亡概率，确定被保险人在不同年龄段投保时应缴纳的保险费的费率。因此，人身保险合同中被保险人的年龄对保险人决定是否承保、确定保险费率的高低有重大影响。

实用问答

问：年龄不实对保险费及保险金额的影响应如何计算？

答：申报年龄不真实，致使投保人支付的保险费多于应付保险费的，保险人应当将多收的保险费退还投保人。

申报年龄不真实，致使投保人支付的保险费少于应付保险费的。保险人发现年龄错报时可以作出更正，并有权要求投保人补交保险费不足部分，或者按保险费不足额调整保险金额，并按调整后的约定给付保险金。调整公式为：

$$应付保险金额=约定保险金额\times\frac{实交保险费}{应交保险费}$$

实交保险费指投保人按错报年龄实际缴纳的保险费，应交保险费按被保险人真实年龄计算应该缴纳的保险费。

例如，A 投保人寿保险，保险金额为 10 万元，其实际年龄为 50 岁，其保险费本应交 10000 元，因虚报年龄为 40 岁，仅仅交费 7000 元。保险事故发生时，保险人仅需支付：100000 × 7000/10000 = 70000 元。

第三十三条 死亡保险的禁止

投保人不得为无民事行为能力人投保以死亡为给付保险金条件的人身保险，保险人也不得承保。

父母为其未成年子女投保的人身保险，不受前款规定限制。但是，因被保险人死亡给付的保险金总和不得超过国务院保险监督管理机构规定的限额。

条文注释

死亡保险合同，是指以被保险人的死亡为保险事故，在事故发生时由保险人给付保险金的保险。死亡保险的被保险人不得是无民事行为能力人，在父母为未成年子女投保的情况下，死亡保险的被保险人可以是无民事行为能力人，但是保险金额总和不得超过规定的限额。

相关案例索引

林某英、齐某旺等人身保险合同纠纷案［山东省济南市中级人民法院（2022）鲁 01 民终 5535 号民事判决书[①]］

《中华人民共和国保险法》第三十三条规定：“投保人不得为无民事行为能力人投保以死亡为给付保险金条件的人身保险，保险人也

① 如无特别说明，本书所引用的案例均源自中国裁判文书网。下略。

不得承保。父母为其未成年子女投保的人身保险，不受前款规定限制。但是，因被保险人死亡给付的保险金总和不得超过国务院保险监督管理机构规定的限额”。《中国保监会关于父母为其未成年子女投保以死亡为给付保险金条件人身保险有关问题的通知》第一条规定："对于父母为其未成年子女投保的人身保险，在被保险人成年之前，各保险合同约定的被保险人死亡给付的保险金额总和、被保险人死亡时各保险公司实际给付的保险金总和按以下限额执行：（一）对于被保险人不满10周岁的，不得超过人民币20万元……”上述规定系为保障包括未成年人在内的无民事行为能力人的生命安全，不受人身保险合同蕴含的道德风险威胁而作的特别规定。

第三十四条 死亡保险合同的效力

以死亡为给付保险金条件的合同，未经被保险人同意并认可保险金额的，合同无效。

按照以死亡为给付保险金条件的合同所签发的保险单，未经被保险人书面同意，不得转让或者质押。

父母为其未成年子女投保的人身保险，不受本条第一款规定限制。

相关规定

《最高人民法院关于适用〈中华人民共和国保险法〉若干问题的解释（三）》第1条、第2条、第6条

第三十五条 保险费的支付

投保人可以按照合同约定向保险人一次支付全部保险费或者分期支付保险费。

第三十六条 逾期支付保险费

合同约定分期支付保险费，投保人支付首期保险费后，除合同另有约定外，投保人自保险人催告之日起超过三十日未支付当期保险费，或者超过约定的期限六十日未支付当期保险费的，合同效力中止，或者由保险人按照合同约定的条件减少保险金额。

被保险人在前款规定期限内发生保险事故的，保险人应当按照合同约定给付保险金，但可以扣减欠交的保险费。

条文注释

人身保险合同中约定分期支付保险费的合同，一般是长达几年或者几十年的长期合同。因此，合同双方必须在合同中订明分期支付保险费的具体办法，比如支付保险费的周期、每期支付的时间和数额等。投保人应当严格按照合同的约定如期支付保险费。如果投保人不能按期支付保险费，就会影响合同的效力。因为保险合同是双务合同，投保人依照合同约定按时交纳保险费，保险人按照合同约定承担保险责任。本条对投保人支付首期保险费后，超过合同约定期限支付当期保险费的法律后果规定如下：

（1）合同效力中止。即投保人自保险人催告之日起超过三十日未支付当期保险费，或者超过约定的期限六十日未支付当期保险费的，合同效力中止。“合同效力中止”是指合同暂时失去效力，当满足一定条件后，合同效力还可以恢复，与“合同效力终止”不同。根据本条规定，投保人未按照合同约定期限支付当期保险费，合同效力并不立即中止，而是在一定期限内继续有效，这一期限被称为宽限期。即投保人只要在宽限期届满前支付当期保险费，保险合同就继续有效。

否则，将导致合同效力中止。本条规定宽限期，一方面是为了避免在合同生效后，因投保人一时不能按照合同约定的期限支付当期保险费而影响合同的效力，实际上是适当延长了投保人的交费期限。从另一方面来讲，这一规定也有利于保险人，保险人因此可以稳定保费来源。本条对宽限期的具体规定是：投保人自保险人催告之日起三十日内，或者在合同规定的交费日起六十日内。需要说明的是，如果保险合同对效力中止问题作了约定，应当适用合同的约定，不适用本条的规定。

（2）由保险人按照合同约定的条件减少保险金额。即宽限期届满后投保人仍未交纳保险费的，保险人用减少保险金额的办法来折抵投保人未交的保险费。因为保险金额的大小与缴纳保险费的多少是成正比的。因此，本条规定保险人可以减少保险金额以折抵投保人未按规定缴纳的保险费，从而继续维持合同的效力。根据本条规定，如果采用这种办法，保险人应当按照合同约定的条件减少保险金额，而不能随意减少。

（3）如前所述，在宽限期内保险合同的效力依然存在。因此，本条第 2 款规定，对在此期间发生的保险事故，保险人应当按照合同约定给付保险金。由于投保人未交纳这一期间的保险费，本着公平的原则，本条第 2 款规定，保险人在给付保险金时可以扣减欠交的保险费。

相关规定

《最高人民法院关于适用〈中华人民共和国保险法〉若干问题的解释（三）》第 7 条、第 8 条

第三十七条 合同效力的恢复

合同效力依照本法第三十六条规定中止的，经保险人与投保人协商并达成协议，在投保人补交保险费后，合同效力恢复。但是，自合同效力中止之日起满二年双方未达成协议的，保险人有权解除合同。

保险人依照前款规定解除合同的，应当按照合同约定退还保险单的现金价值。

条文注释

本条为复效条款。所谓保险合同复效，是指保险合同的效力中止以后重新恢复其效力。在人身保险合同中，投保人因不能如期支付保险费而导致合同效力中止后，既可以重新投保成立新的保险合同，也可以在一定条件下，要求恢复原保险合同的效力。

第三十八条 禁止通过诉讼要求支付保险费

保险人对人寿保险的保险费，不得用诉讼方式要求投保人支付。

第三十九条 受益人的确定

人身保险的受益人由被保险人或者投保人指定。

投保人指定受益人时须经被保险人同意。投保人为与其有劳动关系的劳动者投保人身保险，不得指定被保险人及其近亲属以外的人为受益人。

被保险人为无民事行为能力人或者限制民事行为能力人的，可以由其监护人指定受益人。

实用问答

问：什么人可以被指定为受益人？

答：人身保险的受益人，是指人身保险合同中由被保险人或者投保人指定的享有保险金请求权的人。至于什么人可以被指定为受益人，本条未作任何限制，即被保险人或者投保人可以任意指定受益人，包括投保人或者被保险人自己，都可以作为受益人。

相关规定

《最高人民法院关于适用〈中华人民共和国保险法〉若干问题的解释（三）》第9条

第四十条 受益顺序及份额

被保险人或者投保人可以指定一人或者数人为受益人。

受益人为数人的，被保险人或者投保人可以确定受益顺序和受益份额；未确定受益份额的，受益人按照相等份额享有受益权。

典型案例

保险公司芜湖市分公司、周某等健康权纠纷案［安徽省芜湖市中级人民法院（2021）皖02民终2615号民事判决书］

周某系某中学高三（8）班学生。2020年12月14日7时20分许，周某在某中学组织的户外升旗仪式后，在学校操场返回班级时因路滑摔倒，后被送往医院住院手术治疗，共用去各项医疗等费用25170.12元。除周某个人医保统筹支付13823.96元外，余款11346.16元及后期治疗费583.4元由周某个人支付。周某认为，该损害已构成十级伤残，给其身心造成巨大打击，且某中学为其购买了校方责任险，因各方当事人就赔偿事宜未达成一致意见，致讼。另查明，某中学为周某在财保芜湖分公司投保了校（园）方责任保险，保险期限为2020年9月1日至2021年8月31日。

生效裁判认为，公民的人身权益应受法律保护。被侵权人有权请求侵权人承担侵权责任。行为人损害他人民事权益，不论行为人有无过错，法律规定应当承担侵权责任的，依照其规定。限制民事行为能力人在学校学习期间受到人身损害，学校未尽到管理职责的，应当承担责任。发生保险事故的，保险人应当承担赔偿或者给付保险金的责任。对保险合同中免除保险人责任的条款，应作出提示或明确说明。被保险人或者投保人可以指定一人或者数人为受益人。受益人为数人的，被保险人或者投保人可以确定受益顺序和受益份额；未确定受益份额的，受益人按照相等份额享有受益权。本案中，周某于2020年12月14日损害结果发生时为未成年人，某中学组织的户外升旗仪式属于某中学安排的正常教育活动，其在学校操场返回班级时因路滑摔倒致伤，某中学未充分履行管理、保护义务，应当承担全部赔偿责任。

第四十一条 受益人变更

被保险人或者投保人可以变更受益人并书面通知保险人。保险人收到变更受益人的书面通知后，应当在保险单或者其他保险凭证上批注或者附贴批单。

投保人变更受益人时须经被保险人同意。

相关规定

《最高人民法院关于适用〈中华人民共和国保险法〉若干问题的解释（三）》第10条、第11条、第13条

第四十二条 保险金作为遗产情形

被保险人死亡后，有下列情形之一的，保险金作为被保险人的遗产，由保险人依照《中华人民共和国继承法》的规定履行给付保险金的义务：

（一）没有指定受益人，或者受益人指定不明无法确定的；

（二）受益人先于被保险人死亡，没有其他受益人的；

（三）受益人依法丧失受益权或者放弃受益权，没有其他受益人的。

受益人与被保险人在同一事件中死亡，且不能确定死亡先后顺序的，推定受益人死亡在先。

条文注释

受益人是享有保险金请求权的人。因此，被保险人死亡后，保险人应当依照合同的约定将保险金给付受益人。本条对因各种原因而没有受益人的情况下，该保险金如何处理作了规定。

实用问答

1. 问：哪些情况属于没有受益人？

答：（1）没有指定受益人的。根据本法规定，投保人、被保险人可以指定受益人。投保人指定受益人的，应当经被保险人同意。没有指定受益人，主要是指被保险人生前未指定，投保人指定后被保险人生前未同意等情形。（2）受益人先于被保险人死亡，没有其他受益人的。（3）受益人依法丧失受益权或者放弃受益权，没有其他受益人的。受益人依法丧失受益权是指本法规定的受益人故意造成被保险人死亡或者伤残，或者故意杀害被保险人未遂的情况。受益人主动放弃受益权是受益人在享有受益权的前提下主动放弃这种权利。受益权作为一种民事权利，受益人可以放弃。

2. 问：没有受益人的情况下如何处理保险金？

答：将保险金作为被保险人的遗产，由保险人依照继承法的规定，向被保险人的继承人履行给付保险金的义务。因为根据本法规定，被保险人是指其人身受保险合同保障，享有保险金请求权的人；被保险人可以指定受益人；投保人指定受益人必须经被保险人同意；被保险人可以为受益人。鉴于此，本条规定，在没有受益人时，保险金作为被保险人的遗产。

相关规定

《最高人民法院关于适用〈中华人民共和国保险法〉若干问题的解释（三）》第 14 条、第 15 条；《民法典》第六编

第四十三条 受益权丧失

投保人故意造成被保险人死亡、伤残或者疾病的，保险人不承担给付保险金的责任。投保人已交足二年以上保险费的，保险人应当按照合同约定向其他权利人退还保险单的现金价值。

受益人故意造成被保险人死亡、伤残、疾病的，或者故意杀害被保险人未遂的，该受益人丧失受益权。

第四十四条 被保险人自杀处理

以被保险人死亡为给付保险金条件的合同，自合同成立或者合同效力恢复之日起二年内，被保险人自杀的，保险人不承担给付保险金的责任，但被保险人自杀时为无民事行为能力人的除外。

保险人依照前款规定不承担给付保险金责任的，应当按照合同约定退还保险单的现金价值。

实用问答

问：如何认定“自杀”？

答：对于“自杀”的认定通常需要考虑两个因素：一是要求自杀者有主观的意愿，其行为是建立在故意的动机之上的。二是自杀者的行为造成了死亡的客观事实。实践中通常认为对于无民事行为能力人的主观意愿不能被认定为符合第一个条件。因为无民事行为能力人不能为自己的行为负责，不符合保险中“故意”的条件。

相关规定

《最高人民法院关于适用〈中华人民共和国保险法〉若干问题的解释（三）》第21条

第四十五条 免予赔付情形

因被保险人故意犯罪或者抗拒依法采取的刑事强制措施导致其伤残或者死亡的，保险人不承担给付保险金的责任。投保人已交足二年以上保险费的，保险人应当按照合同约定退还保险单的现金价值。

条文注释

所谓故意犯罪，是指明知自己的行为会发生危害社会的结果，并且希望或者放任这种结果发生，因而构成犯罪的情形。

刑事强制措施是指公安机关、人民检察院、人民法院为了有效地同犯罪作斗争，并保障诉讼活动的顺利进行，依法对犯罪嫌疑人、被告人及现行犯所采取的暂时限制或剥夺其人身自由的各种诉讼方法和手段的总称。刑事强制措施有：拘传、取保候审、监视居住、拘留、逮捕。

相关规定

《最高人民法院关于适用〈中华人民共和国保险法〉若干问题的解释（三）》第 22 条、第 23 条

第四十六条 保险人禁止追偿

被保险人因第三者的行为而发生死亡、伤残或者疾病等保险事故的，保险人向被保险人或者受益人给付保险金后，不享有向第三者追偿的权利，但被保险人或者受益人仍有权向第三者请求赔偿。

条文注释

本条在规定保险人向被保险人或者受益人给付保险金后，不得享有向第三者追偿的权利的同时，又规定被保险人或者受益人仍有权向第三者请求赔偿。因为人的生命或者身体是无价的，不能以金钱来衡量。所以，人身保险不适用财产保险的补偿原则，即使被保险人或者受益人从保险人处获得保险赔偿，也不妨碍其依法向侵权人请求赔偿。当第三者给被保险人造成死亡、伤残或者疾病时，应依法承担相应的民事责任，进行损害赔偿。人身保险是一种给付性的保险，而不是赔偿性的保险。不能因为保险人已向被保险人或者受益人支付了保险金，而剥夺被保险人或者受益人向第三者请求追偿的权利。被保险人或者受益人享有侵权赔偿请求权和保险金请求权两项权利，从而能够更好地保护被保险人或者受益人的权利。

实用问答

问：意外伤害保险合同的被保险人在获得第三者侵权赔偿后，是否有权继续要求保险公司理赔？

答：意外伤害保险，是指当被保险人遭受意外伤害时，保险人给予保险金的保险。根据本法规定，意外伤害保险属于人身保险的范围。财产保险中的“损失补偿原则”规定，保险人向被保险人赔偿后，有权在赔偿金范围内向第三人代位追偿。而在人身保险中，保险人在被保险人从实施致害行为的第三人处获得侵权赔偿后，仍然负有赔付保险金的义务，且保险人向被保险人赔偿后，无权在其赔偿金范围内向第三人代位追偿。因此，财产保险中的“损失补偿原则”不适用于人身保险。同时，被保险人依保险合同取得赔偿系基于保险合同关系；被保险人依受害人身份取得赔偿系基于侵权关系，二者隶属的法律关系不同。对此，保险人不能以第三人已经向被保险人给予赔偿为由拒绝保险理赔，被保险人有权继续要求保险人履行赔付保险金的义务。

第四十七条　人身保险合同解除

投保人解除合同的，保险人应当自收到解除合同通知之日起三十日内，按照合同约定退还保险单的现金价值。

典型案例

张某、保险公司新疆维吾尔自治区分公司等人身保险合同纠纷案

[新疆维吾尔自治区高级人民法院伊犁哈萨克自治州分院（2023）新40民终1252号民事判决书]

2021年8月7日，张某与保险公司新疆维吾尔自治区分公司（以下简称保险公司新疆分公司）签订保险合同，约定张某投保该公司A保险产品和B保险产品。其中投保的主险A保险产品保费为每年

12000 元，保险金额为 34873.58 元，保险期间为 15 年；B 保险产品的保费为 1 元，无保险金额，保险期间为终身。合同第三页现金价值表载明：以保单载明的每 1000 元保险金额为标准，第一年至第十五年的现金价值标准，其中第一年度末现金价值为 154.1 元。该页下方解除合同说明载明“1. 在合同有效期间内（宽限期间除外）解除合同的，现金价值的计算时点为合同终止之日……2. 保单年度末的现金价值根据表中对应保单年度末的现金价值计算……”A 保险产品利益条款第十条投保人解除合同的处理约定：“……本合同自本公司接到解除合同申请书时终止。投保人于签收保险单后十五日内要求解除本合同的，本公司在接到解除合同申请书之日起三十日内向投保人退还已收全部保险费。投保人于签收保险单十五日后要求解除本合同，本公司于接到解除合同申请书之日起三十日内向投保人退还本合同的现金价值。”B 保险产品条款第二十六条对合同解除也作出相应的约定，第二十七条现金价值也作出相应的约定。张某于合同末尾投保人签名处手写“本人已阅读保险条款、产品说明书和投保提示书，了解本产品的特点和保单利益的不确定性”。合同签订当天，张某向保险公司新疆分公司交纳保费 12000 元。

一审法院认为，张某作为投保人（被保险人）与保险公司新疆分公司于 2021 年 8 月 7 日签订的保险合同，系双方当事人真实意思表示，不违反法律、行政法规的强制性规定，合法有效，双方当事人应当依据合同约定享有权利、承担义务。张某作为保险合同的投保人，有权决定是否进行续保，亦有权决定是否退保。现双方对于合同解除不持异议，故案涉保险合同应予解除。双方对于是否能够全额退还保险费存在分歧，根据《中华人民共和国保险法》第四十七条规定：“投保人解除合同的，保险人应当自收到解除合同通知之日起三十日内，按照合同约定退还保险单的现金价值。”结合本案，案涉合同主险交纳保费 12000 元，保险金额 34873. 58 元，主险 A 保险产品利益条款第十条约定，张某有权退保，但保险公司伊犁分公司仅应当按照合同约定和法律规定退还其主险合同的现金价值，即 5374 元≈154. 1 元×（34873. 58 元÷1000 元）。

二审法院认为，关于保单现金价值的认定，首先，根据《中华人民共和国保险法》第四十七条规定内容，人身保险的投保人提前解除保险合同的，保险人按照合同约定只退还保险单的现金价值，而非全额保险费。故张某主张退还全额保险费，缺乏法律依据，不予支持。其次，根据保险精算原理，保险单的现金价值是投保人所交保险费，在扣除保险人各种经营费用后所剩余额按照预定利率计算出的现值。鉴于保险单现金价值的专业性，通常根据订立保险合同时保险人单方提供的现金价值表计算。现金价值表属于保险格式条款，根据《中华人民共和国保险法》第十七条第一款的规定，“订立保险合同，采用保险人提供的格式条款的，保险人向投保人提供的担保单应当附格式条款，保险人应当向投保人说明合同的内容”。本案中，投保人张某在订立保险合同前，已收到保险人递交的保险合同、保险条款及现金价值表，并且签字明确确认：已阅读相关文件，了解该保险产品的特点和保单利益的不确定性。因此，保险人保险公司新疆分公司对包括现金价值表在内的格式条款在订立合同时已尽到一般说明义务，包括现金价值表在内的保险条款对双方发生法律效力。张某关于案涉现金价值表系格式条款，不应作为解除合同时退还费用计算方式的上诉理由，缺乏事实和法律依据，本院不予采纳。

相关规定

《最高人民法院关于适用〈中华人民共和国保险法〉若干问题的

解释（三）》第 16 条、第 17 条

第三节　财产保险合同

第四十八条　财产保险利益

保险事故发生时，被保险人对保险标的不具有保险利益的，不得向保险人请求赔偿保险金。

条文注释

依据本条规定，财产保险的被保险人在保险事故发生时，对保险标的不具有保险利益的，由于其并没有因为保险事故的发生而产生经济利益的损失，因此保险人不承担赔偿保险金的责任，被保险人不得按照保险合同的约定向保险人请求赔偿。同时，根据保险事故对保险标的物造成损害的不同，对保险合同可以有以下几种处理方式：第一，保险标的物因保险事故的发生而灭失的。因为合同标的不存在，保险合同自然终止。第二，保险标的物部分损坏、没有灭失的。因为保险标的仍然存在，保险合同继续有效，如果以后再发生保险事故，且当时被保险人对保险标的具有保险利益的，保险人仍应按照保险合同的约定向被保险人承担赔偿保险金的责任。当然，投保人也可以要求解除保险合同，保险人应将已经收取的保险费按照合同约定扣除自保险责任开始之日起至合同解除之日止应收的部分后，退还投保人。

相关规定

《最高人民法院关于适用〈中华人民共和国保险法〉若干问题的解释（四）》第 1 条

第四十九条 保险标的转让

保险标的转让的，保险标的的受让人承继被保险人的权利和义务。

保险标的转让的，被保险人或者受让人应当及时通知保险人，但货物运输保险合同和另有约定的合同除外。

因保险标的转让导致危险程度显著增加的，保险人自收到前款规定的通知之日起三十日内，可以按照合同约定增加保险费或者解除合同。保险人解除合同的，应当将已收取的保险费，按照合同约定扣除自保险责任开始之日起至合同解除之日止应收的部分后，退还投保人。

被保险人、受让人未履行本条第二款规定的通知义务的，因转让导致保险标的危险程度显著增加而发生的保险事故，保险人不承担赔偿保险金的责任。

条文注释

所谓保险标的的转让，是指合同中被保险的财产及其有关利益的转让，既包括这些保险财产及其有关利益的所有权发生转让，如买卖、让与、继承等，也包括使用权、经营管理权、抵押权等的转移。

相关案例索引

蒋某诉财保盐城分公司财产保险合同案［江苏省盐城市中级人民法院（2020）苏09民终4257号民事判决书］

投保人任意解除权属于特殊情形下的合同解除。保险合同是具有保障性的合同，投保人为保障自己的保险利益与保险人签订保险合同，保险利益基于投保人对保险标的的权利而产生，投保人有权在法律规定的范围内任意处分自己的民事权利。也即在订立保险合同时，应充分尊重投保人的意思自由，其可以选择保险或者不保险，可以选择何时保险或者何时不再保险。投保人的合同任意解除权是法律赋予保险合同投保人的一项特殊权利，与普通商事合同存在较大不同，属于一项特殊的权利，是法律对投保人权益的一项特别保护措施。

相关规定

《最高人民法院关于适用〈中华人民共和国保险法〉若干问题的解释（四）》第 2 条、第 4 条、第 5 条

第五十条 禁止解除合同

货物运输保险合同和运输工具航程保险合同，保险责任开始后，合同当事人不得解除合同。

条文注释

在财产保险中，以一次航程或运程来计算保险期间的，为航程保险。货物运输保险属于航程保险，运输工具也有航程保险。航程保险的保险期间不是按日期而是按航程或运程计算，保险责任的起止时间一般采用“仓至仓”条款，就是保险人对保险标的所负的保险责任，从保险单载明的起运地开始，到保险单载明的目的地为止。

相关规定

《海商法》第 227 条、第 228 条

第五十一条 安全义务

被保险人应当遵守国家有关消防、安全、生产操作、劳动保护等方面的规定，维护保险标的的安全。

保险人可以按照合同约定对保险标的的安全状况进行检查，及时向投保人、被保险人提出消除不安全因素和隐患的书面建议。

投保人、被保险人未按照约定履行其对保险标的的安全应尽责任的，保险人有权要求增加保险费或者解除合同。

保险人为维护保险标的的安全，经被保险人同意，可以采取安全预防措施。

第五十二条　危险增加通知义务

在合同有效期内，保险标的的危险程度显著增加的，被保险人应当按照合同约定及时通知保险人，保险人可以按照合同约定增加保险费或者解除合同。保险人解除合同的，应当将已收取的保险费，按照合同约定扣除自保险责任开始之日起至合同解除之日止应收的部分后，退还投保人。

被保险人未履行前款规定的通知义务的，因保险标的的危险程度显著增加而发生的保险事故，保险人不承担赔偿保险金的责任。

条文注释

保险标的危险程度增加，是指保险责任范围内的灾害事故发生的可能性增加，而且这种危险程度增加的情形是合同当事人在订立合同时没有预料到的。保险合同订立和履行过程中，保险标的的情况可能会发生变化，如果发生保险事故的可能性增加，则视为是危险程度增加。由于保险标的危险程度显著增加直接关系保险人的利益，所以被保险人在知悉后，都应当及时通知保险人。通知的具体时间、方式和范围可以由保险合同约定，被保险人应当按照合同约定履行危险通知义务。

实用问答

问：保险标的因为什么危险程度增加？

答：保险标的危险程度增加主要有三个方面的原因：一是投保人或被保险人变更保险标的用途所致；二是保险标的自身发生意外引起物理、化学反应；三是保险标的周围环境发生变化。

典型案例

郑诗琦诉三星财产保险（中国）有限公司财产保险合同纠纷案（《最高人民法院公报》2022年第5期）

沪BW××××小型轿车为原告郑诗琦所有。原告为该车向被告三星公司投保机动车综合商业保险，保险期间自2018年8月10日起至2019年8月9日止；《机动车综合商业保险保险单》使用性质一栏注明“非营业个人”；重要提示一栏注明“被保险机动车因改装、加装、改变使用性质等导致危险程度显著增加以及转卖、转让、赠送他人的，应书面通知保险人并办理变更手续”。

原告郑诗琦将沪BW××××小型轿车租赁给案外人宋子玉（微信名）。2018年12月23日，宋子玉将沪BW××××小型轿车租赁给案外人于仕鑫，并收取租金及押金共计3100元。于仕鑫将该车交由肖韩驾驶。2018年12月23日23时40分许，肖韩驾驶该车沿浙江省平湖市独山港镇九龙山度假景区内道路行驶至事发路段时因避让动物导致车辆失控冲出路面，与山体相撞，造成车辆损坏的事故。平湖市公安局交警大队认定肖韩负全部责任。

2019年1月14日，被告三星公司向原告郑诗琦出具《机动车辆保险拒赔通知书》，对沪BW××××小型轿车在上述事故中产生的损失以不属于保险责任赔偿范围为由，拒绝赔偿。

诉讼中，原告郑诗琦陈述："宋子玉是我在网上认识的朋友，我们在去年第三季度，大概在10月份认识的。认识后我们见过面的，主要是网上聊，一共就见过两次面。他的职业我不清楚，就知道他是车迷中一个组织者。我只知道他住上海，具体哪里不知道，至于他是哪里人我不清楚没问过……曾经两次见面都是在我家附近的地方看车，问我有没有改装的兴趣以及对车这方面有什么喜好。""事故车辆是闲置的，我不是经常开，他说停着也是停着不如借给他，给我一些补贴，假如有什么事情他会赔，且车子本身也有保险。""他说让我看一下一般到租车公司租这样的车要多少钱，然后再打个折给他，外面基本是六七百一天，所以最后我和他谈的是四五百一天。""拿了车过了十几分钟他就通过微信转给我1000元。车子就是事故当天中午给他的，是第一次给到他，结果晚上就出事了。事发当日宋子玉联系我只告诉我车子撞了，驾驶员是他的朋友，具体细节没有提，之后的修车事宜都是他处理的，再后来是保险公司联系上我，说你朋友将车子租给别人，保险公司拒赔。""我没有细问（宋子玉借车的用途），他说他会自己开或者给朋友开，就告诉我不用担心，有问题他会处理的。""既然我把车给了他，就是因为我觉得即使他把车租给别人开也没什么问题，因为车子是有保险的，所以我才敢把车子给到他。他是否收取租金我也不方便再去问他，我觉得这也不影响理赔。""没有核实过（宋子玉真名），我管他叫小宋，也没有看过身份证原件，签租车协议也是在外面签的，租车合同上的名字像宋志凯，所以我也不知道他的真实名字。""（现在）联系过（宋子玉），但是几乎联系不上，我不知道他在哪里。我们只是在车友群认识的。"

宋子玉在其微信朋友圈发布各款汽车图片，并配有以下文字："js在空秒飞雨天骨折价""沪牌高配a5包月打骨折价"等。

上海市闵行区人民法院经审理认为：被告三星公司拒绝理赔的理由成立，原告郑诗琦要求被告理赔的诉讼请求不成立，理由如下：结合《中华人民共和国保险法》第五十二条及《最高人民法院关于适用〈中华人民共和国保险法〉若干问题的解释（四）》第四条的规定，并结合本案事实，评判被告应否承担赔偿责任，需要注意以下问题：1. 沪BW××××小型轿车的用途是否改变；2. 如果沪BW××××小型轿车的用途改变，是否因此导致危险程度显著增加；3. 危险程度虽然增加，但是否属于保险人预见或应当预见的保险合同承保范围。

关于沪BW××××小型轿车的用途是否改变的问题，原告郑诗琦投保时双方约定系争车辆的用途为"非营业个人"，"非营业"相对的概念是"营业"。营业一词，从文义解释来看，《现代汉语词典》给出的解释是"（商业、服务业、交通运输业等）经营业务"，根据该解释"非营业"应当排除经营业务。从行业规范来看，公安部发布的《中华人民共和国公共安全行业标准机动车类型术语和定义》中明确"非营运机动车是指个人或者单位不以获取利润为目的而使用的机动车"，该规范所附的《机动车使用性质细类表》中列明营运类机动车包括：公路客运、公交客运、出租客运、旅游客运、租赁、教练、货运、危化品运输。本案中，双方约定的系争车辆的用途为"非营业个人"，排除了对系争车辆以营利为目的的商业性使用。根据被告三星公司提供的证据，并结合原告本人的陈述，法院有理由相信原告将系争车辆出租于案外人宋子玉，宋子玉又将系争车辆转租于次承租人。显然，系争车辆的使用性质已经不同于原、被告双方约定的"非营业个人"，而是转变为以获取租金收益为目的的商业性使用。

关于沪BW××××小型轿车的用途改变是否导致危险程度显著增加且超出保险人应当预见范围的问题。本案中，系争车辆危险程度的增加体现在以下方面：首先，原告郑诗琦将车辆出租给微信名为宋子玉的案外人，而宋子玉通过网络发布广告，向不特定人员低价招揽租车用户的方式客观上大幅提高了车辆的出行频率、扩大了出行范围，车辆在运行过程中出险的概率也相应大幅提高，导致被告方所承担的风险远远超过原、被告双方按"非营业个人"的用途所确定保费的承受范围。其次，系争车辆用途的改变同时伴随着车辆管理人与使用人的改变。原告将车辆交付宋子玉管理。庭审中原告的陈述表明其对宋子玉的真实身份情况并不清楚，因此无证据证明宋子玉具备经营车辆租赁所必需的对车辆进行规范管理、维护、对客户进行风险管控的专业能力；而宋子玉承租车辆的目的在于转租再牟利，没有证据表明宋子玉在车辆转租过程中对相对人的风险控制能力进行了必要的审查。因此，系争车辆管理人的改变也足以导致危险概率的提高，而原告与宋子玉对危险概率的提高均采取了放任的态度。在此情况下，系争车辆危险程度的增加完全超出了保险人可预见的范围，如果由保险人来承担风险，将违反财产保险合同中对价平衡的原则，不利于保险业的健康长久稳定发展。根据《最高人民法院关于适用〈中华人民共和国保险法〉若干问题的解释（四）》第四条的规定，应当认定沪BW××××小型轿车的危险程度显著增加且超出保险人应当预见的范围。

相关规定

《最高人民法院关于适用〈中华人民共和国保险法〉若干问题的解释（四）》第4条

第五十三条 降低保险费

有下列情形之一的，除合同另有约定外，保险人应当降低保险费，并按日计算退还相应的保险费：

（一）据以确定保险费率的有关情况发生变化，保险标的的危险程度明显减少的；

（二）保险标的的保险价值明显减少的。

第五十四条 保费退还

保险责任开始前，投保人要求解除合同的，应当按照合同约定向保险人支付手续费，保险人应当退还保险费。保险责任开始后，投保人要求解除合同的，保险人应当将已收取的保险费，按照合同约定扣除自保险责任开始之日起至合同解除之日止应收的部分后，退还投保人。

第五十五条 保险价值的确定

投保人和保险人约定保险标的的保险价值并在合同中载明的，保险标的发生损失时，以约定的保险价值为赔偿计算标准。

投保人和保险人未约定保险标的的保险价值的，保险标的发生损失时，以保险事故发生时保险标的的实际价值为赔偿计算标准。

保险金额不得超过保险价值。超过保险价值的，超过部分无效，保险人应当退还相应的保险费。

保险金额低于保险价值的，除合同另有约定外，保险人按照保险金额与保险价值的比例承担赔偿保险金的责任。

条文注释

保险价值，是确定保险金额从而确定保险人所承担赔偿责任的依据，确定保险价值对于履行财产保险合同具有重要意义。

实用问答

问：如何确定保险价值？

答：确定保险价值有两种方法。

其一，保险价值由投保人和保险人在订立合同时约定，并在合同中明确作出记载。合同当事人通常都根据保险财产在订立合同时的市场价格估定其保险价值，有些不能以市场价格估定的，就由双方当事人约定其价值。事先约定保险价值的合同为定值保险合同，采用这种保险合同的保险，是定值保险。属于定值保险的，发生保险责任范围内的损失时，不论所保财产当时的实际价值是多少，保险人都要按保险合同上载明的保险价值计算赔偿金额。保险标的发生损失时，以约定的保险价值为赔偿计算标准。

其二，保险价值可以在保险事故发生时，按照当时保险标的的实际价值确定。在保险事故已经发生，需要确定保险赔偿金额时，才去确定保险价值的保险，是不定值保险，采取不定值保险方式订立的合同为不定值保险合同。对于不定值保险的保险价值，投保人与保险人在订立保险合同时并不加以确定，因此，不定值保险合同中只记载保险金额，不记载保险价值。以保险事故发生时保险标的的实际价值为赔偿计算标准。

第五十六条 重复保险

重复保险的投保人应当将重复保险的有关情况通知各保险人。

重复保险的各保险人赔偿保险金的总和不得超过保险价值。除合同另有约定外，各保险人按照其保险金额与保险金额总和的比例承担赔偿保险金的责任。

重复保险的投保人可以就保险金额总和超过保险价值的部分，请求各保险人按比例返还保险费。

重复保险是指投保人对同一保险标的、同一保险利益、同一保险事故分别与两个以上保险人订立保险合同，且保险金额总和超过保险价值的保险。

条文注释

重复保险是指投保人对同一保险标的、同一保险利益、同一保险事故分别与两个以上保险人订立保险合同，且保险金额总和超过保险价值的保险。

实用问答

问：重复保险的情况下，发生保险事故时如何赔偿？

答：根据重复保险赔偿的基本原则，在发生保险事故时，各个保险人可以按两种方式承担赔偿责任。

一是按比例分摊赔偿责任。这就是将各保险人承保的保险金额的总和计算出来，再计算每个保险人承保的保险金额占各个保险人承保的保险金额总和的比例，每个保险人分别按照各自的比例分摊损失赔偿金额。

二是按照合同约定的方式承担赔偿责任。重复保险的赔偿方式可以由各保险人在保险合同中约定。不管是各个保险人共同约定，还是由投保人在订立保险合同时与各保险人分别约定，只要有合同约定，保险人就应当按照合同约定的方式承担赔偿责任。

相关案例索引

保险公司中山市分公司诉中国太平洋财产保险股份有限公司东莞分公司等财产保险合同纠纷案（《最高人民法院公报》2023年第9期）

重复保险分摊请求权是指重复保险下，已赔付保险人就实际支付保险赔偿金数额超出自己份额的部分，向其他未履行或部分履行保险赔偿责任的保险人即未赔付保险人追偿的权利。保险法第五十六条仅规定重复保险下各保险人责任比例确定方式，未对分摊请求权作出明确规定。确认已赔付保险人享有重复保险分摊请求权的理由如下：

首先，保险法第五十六条是对各保险人内部责任比例认定标准的规定，未禁止保险人实际赔付时支付超过其责任比例的保险金。保险法第五十九条规定保险人已支付全部或者部分保险金额的，取得受损保险标的的全部或部分权利。在财产保险中，归于保险人的受损保险标的权利为财产权利，包括被保险人要求保险人支付保险赔偿金的债权，虽然该债权因赔付而消灭，但法律拟制债权继续存在，为已赔付保险人取得，其有权向未赔付保险人主张。

其次，重复保险起源于海上保险，海上保险和一般财产保险在重复保险的理论基础、利益平衡、责任比例等方面具有共性。《中华人民共和国海商法》第二百二十五条规定重复保险下已赔付保险人享有向未赔付保险人追偿的权利，是对保险人内部责任划分的明确规定，可作为一般保险中重复保险分摊请求权正当性的依据。

最后，重复保险是保险损失补偿制度的派生制度，其立法目的除了准许被保险人从多份保险中获得保险保障又不因此重复受偿外，还包括平衡各保险人之间的利益关系、督促保险人承担保险责任等。已赔付保险人向被保险人超额赔付，解除了其他保险人所对应的赔偿责任，确认其享有分摊请求权体现了利益平衡原则和对保险人积极赔付行为的肯定，有利于简化被保险人索赔程序，减少索赔成本，更好发挥保险分散风险、增强保障的制度价值，有利于鼓励保险人积极参与理赔并提供更有市场竞争力的保险服务，推动保险行业健康有序发展，营造诚信友善社会环境。

相关规定

《最高人民法院关于适用〈中华人民共和国保险法〉若干问题的解释（二）》第1条

第五十七条 防止或减少损失责任

保险事故发生时，被保险人应当尽力采取必要的措施，防止或者减少损失。

保险事故发生后，被保险人为防止或者减少保险标的的损失所支付的必要的、合理的费用，由保险人承担；保险人所承担的费用数额在保险标的损失赔偿金额以外另行计算，最高不超过保险金额的数额。

实用问答

问：为防止或减少损失产生的费用，由谁负责？

答：被保险人为防止或者减少保险财产损失而采取施救、保护、整理等措施，必然要有一定的费用支出。由于被保险人的财产已经投保，从某种意义上说，被保险人的这些费用是为保险人的利益而支出的。因此，《保险法》规定，被保险人为防止或者减少保险标的损失而支付的必要的、合理的费用，应当由保险人来承担。这些费用在实践中一般包括两个部分：一是保险事故发生时，为抢救财产或者防止灾害蔓延采取必要措施而造成的损失，如房屋发生火灾，为防止火势蔓延，将房屋周围的附属建筑物拆除，所造成的损失就应由保险人赔偿；二是抢救、保护和整理保险标的所支出的合理费用，如抢救的人工费、材料费等。

相关规定

《最高人民法院关于适用〈中华人民共和国保险法〉若干问题的解释（四）》第6条

第五十八条 赔偿解除

保险标的发生部分损失的，自保险人赔偿之日起三十日内，投保人可以解除合同；除合同另有约定外，保险人也可以解除合同，但应当提前十五日通知投保人。

合同解除的，保险人应当将保险标的未受损失部分的保险费，按照合同约定扣除自保险责任开始之日起至合同解除之日止应收的部分后，退还投保人。

第五十九条 保险标的残值权利归属

保险事故发生后，保险人已支付了全部保险金额，并且保险金额等于保险价值的，受损保险标的的全部权利归于保险人；保险金额低于保险价值的，保险人按照保险金额与保险价值的比例取得受损保险标的的部分权利。

第六十条 代位求偿权

因第三者对保险标的的损害而造成保险事故的，保险人自向被保险人赔偿保险金之日起，在赔偿金额范围内代位行使被保险人对第三者请求赔偿的权利。

前款规定的保险事故发生后，被保险人已经从第三者取得损害赔偿的，保险人赔偿保险金时，可以相应扣减被保险人从第三者已取得的赔偿金额。

保险人依照本条第一款规定行使代位请求赔偿的权利，不影响被保险人就未取得赔偿的部分向第三者请求赔偿的权利。

条文注释

本条是对保险人行使代位求偿权的规定。代位求偿权，是指在财产保险中，保险标的由于第三者责任导致保险损失，保险人按照合同的约定履行赔偿责任后，依法取得对保险标的的损失负有责任的第三者请求赔偿的权利。

典型案例

1. 华泰财产保险有限公司北京分公司诉李志贵、天安财产保险股份有限公司河北省分公司张家口支公司保险人代位求偿权纠纷案（最高人民法院指导案例25号）

2011年6月1日，华泰财产保险有限公司北京分公司（以下简称华泰保险公司）与北京亚大锦都餐饮管理有限公司（以下简称亚大锦都餐饮公司）签订机动车辆保险合同，被保险车辆的车牌号为京A823××，保险期间自2011年6月5日0时起至2012年6月4日24时止。2011年11月18日，陈某某驾驶被保险车辆行驶至北京市朝阳区机场高速公路上时，与李志贵驾驶的车牌号为冀GA91××的车辆发生交通事故，造成被保险车辆受损。经交管部门认定，李志贵负事故全部责任。事故发生后，华泰保险公司依照保险合同的约定，向被保险人亚大锦都餐饮公司赔偿保险金83878元，并依法取得代位求偿权。基于肇事车辆系在天安财产保险股份有限公司河北省分公司张家口支公司（以下简称天安保险公司）投保了机动车交通事故责任强制保险，华泰保险公司于2012年10月诉至北京市东城区人民法院，请求判令被告肇事司机李志贵和天安保险公司赔偿83878元，并承担诉讼费用。

被告李志贵的住所地为河北省张家口市怀来县沙城镇，被告天安保险公司的住所地为张家口市怀来县沙城镇燕京路东108号，保险事故发生地为北京市朝阳区机场高速公路上，被保险车辆行驶证记载所有人的住址为北京市东城区工体北路新中西街8号。

北京市东城区人民法院于2012年12月17日作出（2012）东民初字第13663号民事裁定：对华泰保险公司的起诉不予受理。宣判后，当事人未上诉，裁定已发生法律效力。

法院生效裁判认为：根据《中华人民共和国保险法》第六十条的规定，保险人的代位求偿权是指保险人依法享有的，代位行使被保险人向造成保险标的损害负有赔偿责任的第三者请求赔偿的权利。保险人代位求偿权源于法律的直接规定，属于保险人的法定权利，并非基于保险合同而产生的约定权利。因第三者对保险标的的损害造成保险事故，保险人向被保险人赔偿保险金后，代位行使被保险人对第三者请求赔偿的权利而提起诉讼的，应根据保险人所代位的被保险人与第三者之间的法律关系确定管辖法院。第三者侵害被保险人合法权益，因侵权行为提起的诉讼，依据《中华人民共和国民事诉讼法》第二十八条的规定，由侵权行为地或者被告住所地法院管辖，而不适用财产保险合同纠纷管辖的规定，不应以保险标的物所在地作为管辖依据。

本案中，第三者实施了道路交通侵权行为，造成保险事故，被保险人对第三者有侵权损害赔偿请求权；保险人行使代位权起诉第三者的，应当由侵权行为地或者被告住所地法院管辖。现二被告的住所地及侵权行为地均不在北京市东城区，故北京市东城区人民法院对该起诉没有管辖权，应裁定不予受理。

2. 中国平安财产保险股份有限公司江苏分公司诉江苏镇江安装集团有限公司保险人代位求偿权纠纷案（最高人民法院指导案例74号）

2008年10月28日，被保险人华东联合制罐有限公司（以下简称华东制罐公司）、华东联合制罐第二有限公司（以下简称华东制罐第二公司）与被告江苏镇江安装集团有限公司（以下简称镇江安装公司）签订《建设工程施工合同》，约定由镇江安装公司负责被保险人整厂机器设备迁建安装等工作。《建设工程施工合同》第二部分“通用条款”第38条约定：“承包人按专用条款的约定分包所承包的部分工程，并与分包单位签订分包合同，未经发包人同意，承包人不得将承包工程的任何部分分包”；“工程分包不能解除承包人任何责任与义务。承包人应在分包场地派驻相应管理人员，保证本合同的履行。分包单位的任何违约行为或疏忽导致工程损害或给发包人造成其他损失，承包人承担连带责任”。《建设工程施工合同》第三部分“专用条款”第14条第（1）项约定“承包人不得将本工程进行分包施工”。“通用条款”第40条约定：“工程开工前，发包人为建设工程和施工场地内的自有人员及第三人人员生命财产办理保险，支付保险费用”；“运至施工场地内用于工程的材料和待安装设备，由发包人办理保险，并支付保险费用”；“发包人可以将有关保险事项委托承包人办理，费用由发包人承担”；“承包人必须为从事危险作业的职工办理意外伤害保险，并为施工场地内自有人员生命财产和施工机械设备办理保险，支付保险费用”。

2008年11月16日，镇江安装公司与镇江亚民大件起重有限公司（以下简称亚民运输公司）签订《工程分包合同》，将前述合同中的设备吊装、运输分包给亚民运输公司。2008年11月20日，就上述整厂迁建设备安装工程，华东制罐公司、华东制罐第二公司向中国平安财产保险股份有限公司江苏分公司（以下简称平安财险公司）投保了安装工程一切险。投保单中记载被保险人为华东制罐公司及华东制罐第二公司，并明确记载承包人镇江安装公司不是被保险人。投保单“物质损失投保项目和投保金额”栏载明“安装项目投保金额为177465335.56元”。附加险中，还投保有“内陆运输扩展条款A”，约定每次事故财产损失赔偿限额为200万元。投保期限从2008年11月20日起至2009年7月31日止。投保单附有被安装机器设备的清单，其中包括：SEQUA彩印机2台，合计原值为29894340.88元。投保单所附保险条款中，对“内陆运输扩展条款A”作如下说明：经双方同意，鉴于被保险人已按约定交付了附加的保险费，保险公司负责赔偿被保险人的保险财产在中华人民共和国境内供货地点到保险单中列明的工地，除水运和空运以外的内陆运输途中因自然灾害或意外事故引起的损失，但被保险财产在运输时必须有合格的包装及装载。

2008年12月19日10时30分许，亚民运输公司驾驶员姜玉才驾驶苏L06069、苏L003挂重型半挂车，从旧厂区承运彩印机至新厂区的途中，在转弯时车上钢丝绳断裂，造成彩印机侧翻滑落地面损坏。平安财险公司接险后，对受损标的确定了清单。经镇江市公安局交通巡逻警察支队现场查勘，认定姜玉才负事故全部责任。后华东制罐公司、华东制罐第二公司、平安财险公司、镇江安装公司及亚民运输公司共同委托泛华保险公估有限公司（以下简称泛华公估公司）对出险事故损失进行公估，并均同意认可泛华公估公司的最终理算结果。2010年3月9日，泛华公估公司出具了公估报告，结论：出险原因系设备运输途中翻落（意外事故）；保单责任成立；定损金额总损1518431.32元、净损1498431.32元；理算金额1498431.32元。泛华公估公司收取了平安财险公司支付的47900元公估费用。

2009年12月2日，华东制罐公司及华东制罐第二公司向镇江安装公司发出《索赔函》，称“该事故导致的全部损失应由贵司与亚民运输公司共同承担。我方已经向投保的中国平安财产保险股份有限公司镇江中心支公司报险。一旦损失金额确定，投保公司核实并先行赔付后，对赔付限额内的权益，将由我方让渡给投保公司行使。对赔付不足部分，我方将另行向贵司与亚民运输公司主张”。

2010年5月12日，华东制罐公司、华东制罐第二公司向平安财险公司出具赔款收据及权益转让书，载明：已收到平安财险公司赔付的1498431.32元。同意将上述赔款部分保险标的的一切权益转让给平安财险公司，同意平安财险公司以平安财险公司的名义向责任方追偿。后平安财险公司诉至法院，请求判令镇江安装公司支付赔偿款和公估费。

江苏省镇江市京口区人民法院于2011年2月16日作出（2010）京商初字第1822号民事判决：一、江苏镇江安装集团有限公司于判决生效后十日内给付中国平安财产保险股份有限公司江苏分公司1498431.32元；二、驳回中国平安财产保险股份有限公司江苏分公司关于给付47900元公估费的诉讼请求。一审宣判后，镇江安装公司向江苏省镇江市中级人民法院提起上诉。江苏省镇江市中级人民法院于2011年4月12日作出（2011）镇商终字第0133号民事判决：一、撤销镇江市京口区人民法院（2010）京商初字第1822号民事判决；二、驳回中国平安财产保险股份有限公司江苏分公司对江苏镇江安装集团有限公司的诉讼请求。二审宣判后，平安财险公司向江苏省高级人民法院申请再审。江苏省高级人民法院于2014年5月30日作出（2012）苏商再提字第0035号民事判决：一、撤销江苏省镇江市中级人民法院（2011）镇商终字第0133号民事判决；二、维持镇江市京口区人民法院（2010）京商初字第1822号民事判决。

法院生效裁判认为，本案的焦点问题是：1. 保险代位求偿权的适用范围是否限于侵权损害赔偿请求权；2. 镇江安装公司能否以华东制罐公司、华东制罐第二公司以购买相关财产损失险为由，拒绝保险人对其行使保险代位求偿权。

关于第一个争议焦点。简称《保险法》第六十条第一款规定："因第三者对保险标的的损害而造成保险事故的，保险人自向被保险人赔偿保险金之日起，在赔偿金额范围内代位行使被保险人对第三者请求赔偿的权利。"该款使用的是"因第三者对保险标的的损害而造成保险事故"的表述，并未限制规定为"因第三者对保险标的的侵权损害而造成保险事故"。将保险代位求偿权的权利范围理解为限于侵权损害赔偿请求权，没有法律依据。从立法目的看，规定保险代位求偿权制度，在于避免财产保险的被保险人因保险事故的发生，分别从保险人及第三者获得赔偿，取得超出实际损失的不当利益，并因此增加道德风险。将《保险法》第六十条第一款中的"损害"理解为仅指"侵权损害"，不符合保险代位求偿权制度设立的目的。故保险人行使代位求偿权，应以被保险人对第三者享有损害赔偿请求权为前提，这里的赔偿请求权既可因第三者对保险标的实施的侵权行为而产生，亦可基于第三者的违约行为等产生，不应仅限于侵权赔偿请求权。本案平安财险公司是基于镇江安装公司的违约行为而非侵权行为行使代位求偿权，镇江安装公司对保险事故的发生是否有过错，对案件的处理并无影响。并且，《建设工程施工合同》约定“承包人不得将本工程进行分包施工”。因此，镇江安装公司关于其对保险事故的发生没有过错因而不应承担责任的答辩意见，不能成立。平安财险公司向镇江安装公司主张权利，主体适格，并无不当。

关于第二个争议焦点。镇江安装公司提出，在发包人与其签订的建设工程施工合同通用条款第40条中约定，待安装设备由发包人办理保险，并支付保险费用。从该约定可以看出，就工厂搬迁及设备的拆解安装事项，发包人与镇江安装公司共同商定办理保险，虽然保险费用由发包人承担，但该约定在双方的合同条款中体现，即该费用系双方承担，或者说，镇江安装公司在总承包费用中已经就保险费用作出了让步。由发包人向平安财险公司投保的业务，承包人也应当是被保险人。关于镇江安装公司的上述抗辩意见，《保险法》第十二条第二款、第六款分别规定：“财产保险的被保险人在保险事故发生时，对保险标的应当具有保险利益”；“保险利益是指投保人或者被保险人对保险标的具有的法律上承认的利益”。据此，不同主体对于同一保险标的可以具有不同的保险利益，可就同一保险标的投保与其保险利益相对应的保险险种，成立不同的保险合同，并在各自的保险利益范围内获得保险保障，从而实现利用保险制度分散各自风险的目的。因发包人和承包人对保险标的具有不同的保险利益，只有分别投保与其保险利益相对应的财产保险类别，才能获得相应的保险保障，二者不能相互替代。发包人华东制罐公司和华东制罐第二公司作为保险标的的所有权人，其投保的安装工程一切险是基于对保险标的享有的所有权保险利益而投保的险种，旨在分散保险标的的损坏或灭失风险，性质上属于财产损失保险；附加险中投保的“内陆运输扩展条款A”约定“保险公司负责赔偿被保险人的保险财产在中华人民共和国境内供货地点到保险单中列明的工地，除水运和空运以外的内陆运输途中因自然灾害或意外事故引起的损失”，该项附加险在性质上亦属财产损失保险。镇江安装公司并非案涉保险标的所有权人，不享有所有权保险利益，其作为承包人对案涉保险标的享有责任保险利益，欲将施工过程中可能产生的损害赔偿责任转由保险人承担，应当投保相关责任保险，而不能借由发包人投保的财产损失保险免除自己应负的赔偿责任。另外，发包人不认可承包人的被保险人地位，案涉《安装工程一切险投保单》中记载的被保险人为华东制罐公司及华东制罐第二公司，并明确记载承包人镇江安装公司不是被保险人。因此，镇江安装公司关于“由发包人向平安财险公司投保的业务，承包人也应当是被保险人”的答辩意见，不能成立。《建设工程施工合同》明确约定“运至施工场地内用于工程的材料和待安装设备，由发包人办理保险，并支付保险费用”及“工程分包不能解除承包人任何责任与义务，分包单位的任何违约行为或疏忽导致工程损害或给发包人造成其他损失，承包人承担连带责任”。由此可见，发包人从未作出在保险赔偿范围内免除承包人赔偿责任的意思表示，双方并未约定在保险赔偿范围内免除承包人的赔偿责任。最后，在保险事故发生后，被保险人积极向承包人索赔并向平安财险公司出具了权益转让书。根据以上情况，镇江安装公司以其对保险标的也具有保险利益，且保险标的所有权人华东制罐公司和华东制罐第二公司已投保财产损失保险为由，主张免除其依建设工程施工合同应对两制罐公司承担的违约损害赔偿责任，并进而拒绝平安财险公司行使代位求偿权，没有法律依据，不予支持。

相关规定

《最高人民法院关于适用〈中华人民共和国保险法〉若干问题的解释（二）》第16条、第19条；《最高人民法院关于适用〈中华人民共和国保险法〉若干问题的解释（四）》第7~13条

第六十一条 不能行使代位求偿权的法律后果

保险事故发生后，保险人未赔偿保险金之前，被保险人放弃对第三者请求赔偿的权利的，保险人不承担赔偿保险金的责任。

保险人向被保险人赔偿保险金后，被保险人未经保险人同意放弃对第三者请求赔偿的权利的，该行为无效。

被保险人故意或者因重大过失致使保险人不能行使代位请求赔偿的权利的，保险人可以扣减或者要求返还相应的保险金。

第六十二条 代位求偿权行使限制

除被保险人的家庭成员或者其组成人员故意造成本法第六十条第一款规定的保险事故外，保险人不得对被保险人的家庭成员或者其组成人员行使代位请求赔偿的权利。

条文注释

被保险人的家庭成员，是指作为自然人的被保险人，其配偶、子女、父母以及与被保险人有抚养、赡养或者扶养关系的人。被保险人的组成人员，是指作为法人和其他组织的被保险人，其内部工作人员。一般情况下，被保险人的家庭成员或者其组成人员对保险标的具有与被保险人共同的利益。如家庭财产遭受损失，不仅被保险人的利益受损害，所有家庭成员的生活及工作都会受到影响；企业财产遭受

损失，企业的生产和效益以及职工的利益也会受影响。因此，被保险人的家庭成员或者其组成人员通常不会故意造成保险标的的损失，一旦他们造成保险事故，实际上是给他们自己带来损失。在这种情况下，法律不必再追究他们的责任。因此，对于过失造成保险标的损失的被保险人的家庭成员或者其组成人员，保险人不得行使代位求偿权。

典型案例

被保险人的关联公司不构成《保险法》第六十二条规定的“被保险人的组成人员”，保险人可依法对该关联公司行使代位求偿权——保险公司青岛市分公司与科技公司等保险人代位求偿权纠纷案

（最高法民二庭发布2022年度全国法院十大商事案件[①]之八）

2020年4月4日，科技公司仓库起火。火灾造成该公司和车辆装备公司、塑胶公司、医疗公司、模具公司财物毁损。消防救援大队出具的《火灾事故认定书》认定：起火时间为2020年4月4日15时40分许；起火部位位于科技公司二楼北侧仓库内；起火原因排除人为纵火，排除物品自燃，不排除电气线路故障引发火灾的可能。科技公司、塑胶公司、医疗公司、模具公司均在保险公司青岛市分公司处投有财产综合保险，约定保险合同载明地址内的下列财产可作为保险标的：（一）属于被保险人所有或与他人共有而由被保险人负责的财产；（二）由被保险人经营管理或代他人保管的财产；（三）其他具有法律上承认的与被保险人有经济利害关系的财产。保险事故发生后，保险公司青岛分公司分别与塑胶公司、医疗公司、模具公司、科技公司签订赔偿协议，并向除科技公司之外的三家公司依约赔偿了保险金。

---

① 《最高法民二庭发布2022年度全国法院十大商事案件》，载最高人民法院网站，https：//www. court. gov. cn/zixun/xiangqing/387081. html，2023年11月5日访问。

科技公司与塑胶公司、医疗公司、模具公司（以下简称该三家公司）因存在部分股东或实际控制人一致等情形构成关联公司。原告保险公司青岛分公司起诉科技公司，要求在对该三家公司赔偿金额范围内，代位行使该三家公司对科技公司请求赔偿的权利。科技公司抗辩称，其与该三家公司属于“利益共同体”，构成《保险法》第六十二条规定的“保险人不得对被保险人的家庭成员或者其组成人员行使代位请求赔偿的权利”的情形，保险公司青岛分公司无权向其行使追偿权。

山东省青岛市中级人民法院一审判决支持了保险公司青岛分公司的诉讼请求。科技公司提起上诉。山东省高级人民法院二审驳回上诉，维持原判。法院认为，科技公司作为被保险人（该三家公司）的关联公司，与被保险人之间不存在经济利益上的同一性，在法律人格上亦不具有依附性，故其不构成《保险法》第六十二条规定的“被保险人的组成人员”，保险人可依法在对该三家公司赔偿保险金后，对科技公司行使代位求偿权。

第六十三条 协助行使代位求偿权

保险人向第三者行使代位请求赔偿的权利时，被保险人应当向保险人提供必要的文件和所知道的有关情况。

相关规定

《最高人民法院关于适用〈中华人民共和国保险法〉若干问题的解释（四）》第 11 条

第六十四条 勘险费用承担

保险人、被保险人为查明和确定保险事故的性质、原因和保险标的的损失程度所支付的必要的、合理的费用，由保险人承担。

典型案例

王记龙诉保险公司财产保险股份有限公司芜湖市中心支公司财产保险合同纠纷案（《最高人民法院公报》2021 年第 7 期）

原告王记龙于 2016 年 11 月 10 日就保险车辆向被告人寿财保投保机动车损失险、第三者责任险及不计免赔，保险期间自 2016 年 12 月 7 日至 2017 年 12 月 6 日，机动车损失险保险金额 341174 元。《保险公司财产保险股份有限公司家庭自用汽车损失保险条款》第四条载明：保险期间内，被保险人或其允许的合法驾驶人在使用被保险机动车过程中，因下列原因造成被保险机动车的损失，保险人依照本保险合同的约定负担赔偿：（一）碰撞、倾覆、坠落……第十八条载明：发生保险事故时，被保险人应当及时采取合理的、必要的施救和保护措施，防止或减少损失，并在保险事故后 48 小时内通知保险人。故意或因重大过失未及时通知，致使保险事故的性质、原因、损失程序等难以确定的，保险人对无法确定的部分不承担赔偿责任，但保险人通过其他途径已经及时知道或者应当知道保险事故发生的除外。

2017 年 4 月 16 日，案外人周连国驾驶浙 CQ××××小型普通客车在闵行区 S20 外 60K 处与案外人王记豹驾驶的保险车辆发生碰撞，造成保险车辆受损，交警部门认定周连国负事故全部责任。因浙 CQ××××小型普通客车在中国平安财产保险股份有限公司天津分公司（以下简称平安财保）投保交强险，原告遂将周连国与平安财保一并诉至上海市闵行区人民法院，要求平安财保在交强险范围内承担损失赔偿责任，不足部分由周连国赔偿。上海市闵行区人民法院于 2018 年 1 月 19 日作出（2017）沪 0112 民初 23597 号民事判决，认定保险车辆因前述交通事故导致的损失包括修理费 316673 元、评估费 5660 元，共计 322333 元，该款由平安财保在交强险范围内赔偿 2000 元，由周连国赔偿320333元。案件受理费由周连国负担3067.50元。上述判决生效后，原告向上海市闵行区人民法院申请强制执行，平安财保履行了判决义务，但周连国未履行判决义务，且无财产可供执行，故上海市闵行区人民法院裁定终结本次执行程序。

本案争议焦点是：1. 上诉人人寿财保应否承担保险责任；2. 被保险车辆的损失应当如何认定及车辆评估费应由谁承担。

生效裁判认为：关于第一个争议焦点，上诉人人寿财保与被上诉人王记龙之间保险合同关系成立并生效，双方均应恪守，现被保险机动车发生了保险范围内的事故，王记龙虽向侵权人主张赔偿，但损失未实际获得填补，因此人寿财保仍应按约承担保险责任。王记龙起诉要求侵权人承担侵权赔偿责任获生效判决支持，并不影响人寿财保在履行保险赔偿责任后依法获得保险代位求偿权，在支付保险理赔款的范围内取得王记龙依生效判决对侵权人享有的赔偿请求权。一审认定人寿财保应向王记龙支付保险理赔款于法不悖，予以确认。

关于第二个争议焦点，根据被上诉人王记龙与上诉人人寿财保签订的保险合同条款，保险事故发生后，王记龙应当及时向人寿财保报案，并且会同人寿财保检验，协商确定修理项目、方式和费用，否则，人寿财保有权重新核定。上述约定依法有效，对双方当事人均有约束力。交通事故侵权案件中的车损金额系王记龙单方委托的鉴定机构评估而来，作为王记龙向侵权人索赔的依据，在侵权人未提出相反证据反驳的情况下，一审依据王记龙单方委托鉴定的车损金额判定侵权赔偿的范围，于法有据。但本案系保险合同纠纷而非侵权赔偿纠纷，王记龙系依据保险合同法律关系而行使被保险人索赔之权利，那么其当然应当遵守保险合同关于保险报案与损失核定的相关约定，保障人寿财保的知情权和定损参与权。本案中，王记龙在保险事故发生后未向人寿财保报案，而是待侵权案件生效后依据生效判决所认定的车损金额向人寿财保申请理赔，违反了保险合同的约定，有违诚实信用，损害了人寿财保在保险合同项下的权利，致使其无法在法定期限内对标的车辆进行定损。王记龙在侵权案件中主张的车损金额因未经人寿财保参与核定，对人寿财保不发生法律效力，人寿财保有权依据保险合同约定申请对被保险车辆的损失重新核定。经法院委托，上海达智资产评估有限公司对被保险车辆的损失进行重新鉴定，鉴定结论为被保险车辆的维修费应为222900元，人寿财保与王记龙对上述鉴定结论均表示认可，法院据此认定人寿财保应当向王记龙支付的车辆损失保险金为222900元，扣除已经支付的2000元，人寿财保还应支付220900元。评估费5200元作为查明和确定事故的性质、原因和保险标的的损失程度所支付的必要的、合理的费用，应由人寿财保承担。

第六十五条 责任保险

保险人对责任保险的被保险人给第三者造成的损害，可以依照法律的规定或者合同的约定，直接向该第三者赔偿保险金。

责任保险的被保险人给第三者造成损害，被保险人对第三者应负的赔偿责任确定的，根据被保险人的请求，保险人应当直接向该第三者赔偿保险金。被保险人怠于请求的，第三者有权就其应获赔偿部分直接向保险人请求赔偿保险金。

责任保险的被保险人给第三者造成损害，被保险人未向该第三者赔偿的，保险人不得向被保险人赔偿保险金。

责任保险是指以被保险人对第三者依法应负的赔偿责任为保险标的的保险。

条文注释

责任保险，又称为第三者责任保险，是被保险人对第三者负损害赔偿责任时，由保险人承担其赔偿责任的一种保险。订立责任保险合同的目的，实际上是由保险人担负被保险人对第三者的损害赔偿责任。

责任保险的保险标的，是被保险人在法律上应该承担的损害赔偿责任，既可以是侵权责任，也可以是违约责任。如汽车司机因交通肇事而负的民事责任，卖主因产品质量不合格造成第三人的财产和人身损害而负的民事责任等。这与以某一具体的物质形态的财产为标的的保险有所不同。但是，由于发生民事赔偿责任，就需要向受损害的第三者支付金钱或者实物作为赔偿，所以，这种保险实际上是以被保险人的全部财产为保险标的的一种保险，也应属于财产保险的范畴。

实用问答

问：直接索赔的诉讼时效怎么计算？

答：根据《全国法院民商事审判工作会议纪要》第九十九条的规定：商业责任保险的被保险人给第三者造成损害，被保险人对第三者应当承担的赔偿责任确定后，保险人应当根据被保险人的请求，直接向第三者赔偿保险金。被保险人怠于提出请求的，第三者有权依据《保险法》第六十五条第二款的规定，就其应获赔偿部分直接向保险人请求赔偿保险金。保险人拒绝赔偿的，第三者请求保险人直接赔偿保险金的诉讼时效期间的起算时间如何认定，实务中存在争议。根据诉讼时效制度的基本原理，第三者请求保险人直接赔偿保险金的诉讼时效期间，自其知道或者应当知道向保险人的保险金赔偿请求权行使条件成就之日起计算。

● *相关规定*

《最高人民法院关于适用〈中华人民共和国保险法〉若干问题的解释（四）》第14~20条

第六十六条　责任保险相应费用承担

责任保险的被保险人因给第三者造成损害的保险事故而被提起仲裁或者诉讼的，被保险人支付的仲裁或者诉讼费用以及其他必要的、合理的费用，除合同另有约定外，由保险人承担。

第三章　保险公司

第六十七条　设立须经批准

设立保险公司应当经国务院保险监督管理机构批准。

国务院保险监督管理机构审查保险公司的设立申请时，应当考虑保险业的发展和公平竞争的需要。

● *条文注释*

按照我国公司法的规定，对公司的设立实行准则主义与核准主义相结合的原则，即只要符合公司法规定的有限责任公司或者股份有限公司的设立条件，就可以登记设立公司；法律、行政法规规定设立公司必须报经批准的，应当在公司登记前依法办理批准手续。保险公司属于我国公司法规范的公司，但其与一般的公司又有所不同：保险业属于金融行业，其涉及的范围广泛，关系社会的方方面面，与整个经济的运行和人民的生活息息相关，保险公司尤其是人寿保险公司的经营好坏，直接影响被保险人和受益人的利益，关系整个社会的稳定。

同时，保险公司是专业性很强的金融机构，需要有专业的经营管理人员，健全的内部管理机制和抵御风险的能力。这就决定了设立保险公司必须具备比一般企业设立更为严格的条件。按照我国行政许可法的规定，直接关系公共利益的特定行业的市场准入，需要赋予特定权利的事项，以及提供公众服务并且直接关系公共利益的职业、行业，需要确定具备特殊信誉、特殊条件或者特殊技能等资格、资质的事项，可以设立行政许可。根据保险行业的特点和有关法律的规定，本法对保险设立规定了前置的行政审批，依照本条规定，设立保险公司应当经国务院保险监督管理机构批准。未经批准设立保险公司，从事保险经营活动的，要依据本法的有关规定给予行政处罚。这样规定有利于保证保险公司的质量，促进我国保险市场的有序发展，更好地保护投保人、被保险人和受益人的利益。

相关规定

《行政许可法》第 11 条

第六十八条 设立条件

设立保险公司应当具备下列条件：

（一）主要股东具有持续盈利能力，信誉良好，最近三年内无重大违法违规记录，净资产不低于人民币二亿元；

（二）有符合本法和《中华人民共和国公司法》规定的章程；

（三）有符合本法规定的注册资本；

（四）有具备任职专业知识和业务工作经验的董事、监事和高级管理人员；

（五）有健全的组织机构和管理制度；

（六）有符合要求的营业场所和与经营业务有关的其他设施；

（七）法律、行政法规和国务院保险监督管理机构规定的其他条件。

第六十九条 注册资本

设立保险公司，其注册资本的最低限额为人民币二亿元。

国务院保险监督管理机构根据保险公司的业务范围、经营规模，可以调整其注册资本的最低限额，但不得低于本条第一款规定的限额。

保险公司的注册资本必须为实缴货币资本。

相关案例索引

物流公司与安全统筹公司合同纠纷案［重庆市巴南区人民法院（2022）渝0113民初18744号民事判决书］

根据《中华人民共和国保险法》第六条规定“保险业务由依照本法设立的保险公司以及法律、行政法规规定的其他保险组织经营，其他单位和个人不得经营保险业务”、第六十七条第一款规定“设立保险公司应当经国务院保险监督管理机构批准”及第六十九条规定“设立保险公司，其注册资本的最低限额为人民币二亿元。国务院保险监督管理机构根据保险公司的业务范围、经营规模，可以调整其注册资本的最低限额，但不得低于本条第一款规定的限额。保险公司的注册资本必须为实缴货币资本”之内容，并参照中国银行保险监督管理委员会发布的《保险公司管理规定》第五条规定“保险业务由依照《保险法》设立的保险公司以及法律、行政法规规定的其他保险组织经营，其他单位和个人不得经营或者变相经营保险业务”的内容，本案中，被告安全统筹公司承接的交通安全统筹业务，从其出具的交通安全统筹单足以看出与日常生活经验中出现的保险单及保险条款的内容高度相似，且统筹的内容与日常生活经验中出现的保险种类均一致，从形式上看二者唯一的区别仅为“统筹”与“保险”二字。被告安全统筹公司的工商登记注册经营范围并未包含保险业务，其登记设立亦未达到保险行业的市场准入条件，本案中所涉的交通安全统筹业务系被告安全统筹公司变相开展保险业务，违反了《中华人民共和国保险法》及依照《中华人民共和国保险法》和行政法规制定的相关部门规章的强制性规定，原、被告双方就渝 DW61 某某号车建立的《机动车辆安全统筹单》内容应为无效。

第七十条 申请文件、资料

申请设立保险公司，应当向国务院保险监督管理机构提出书面申请，并提交下列材料：

（一）设立申请书，申请书应当载明拟设立的保险公司的名称、注册资本、业务范围等；

（二）可行性研究报告；

（三）筹建方案；

（四）投资人的营业执照或者其他背景资料，经会计师事务所审计的上一年度财务会计报告；

（五）投资人认可的筹备组负责人和拟任董事长、经理名单及本人认可证明；

（六）国务院保险监督管理机构规定的其他材料。

第七十一条 批准决定

国务院保险监督管理机构应当对设立保险公司的申请进行审查，自受理之日起六个月内作出批准或者不批准筹建的决定，并书面通知申请人。决定不批准的，应当书面说明理由。

第七十二条 筹建期限和要求

申请人应当自收到批准筹建通知之日起一年内完成筹建工作；筹建期间不得从事保险经营活动。

第七十三条 保险监督管理机构批准开业申请的期限和决定

筹建工作完成后，申请人具备本法第六十八条规定的设立条件的，可以向国务院保险监督管理机构提出开业申请。

国务院保险监督管理机构应当自受理开业申请之日起六十日内，作出批准或者不批准开业的决定。决定批准的，颁发经营保险业务许可证；决定不批准的，应当书面通知申请人并说明理由。

相关规定

《银行保险机构许可证管理办法》

第七十四条 设立分支机构

保险公司在中华人民共和国境内设立分支机构，应当经保险监督管理机构批准。

保险公司分支机构不具有法人资格，其民事责任由保险公司承担。

条文注释

保险公司在中华人民共和国境内设立的分支机构，是指保险公司在我国境内设立、构成保险公司组成部分、不能独立承担民事责任、以自己的名义开展保险业务的机构；保险公司分支机构也称为保险公司的分公司、支公司。保险公司对其设立的分支机构的所有活动负责。保险公司可以在我国境内设立分支机构。保险公司通过分支机构开展保险业务，在经济上可以节省开办公司和运营公司的费用。分支机构是总公司的派出机构，它和总公司一样，具有开展保险业务的能力，只是不具备法人资格。所以法律规定要经保险监督管理机构批准，以便严格管理保险市场，使分支机构的设立有利于保险业务的发展和公平竞争的需要。

相关案例索引

保险公司、保险公司云南分公司等海上、通海水域保险合同纠纷案［最高人民法院（2021）最高法民申3078号民事裁定书］

《中华人民共和国保险法》第七十四条规定："保险公司在中华人民共和国境内设立分支机构，应当经保险监督管理机构批准。保险公司分支机构不具有法人资格，其民事责任由保险公司承担。"本案中，保险公司云南分公司接受投资开发公司的投保并出具保险单。保险公司向投资开发公司出具《拒赔通知书》，作出拒赔处理。《最高人民法院关于适用〈中华人民共和国民事诉讼法〉的解释》第五十二条明确了相关分支机构具有诉讼主体资格，《最高人民法院关于适用〈中华人民共和国民事诉讼法〉的解释》第四百七十三条系对其他组织在执行中不能履行义务时，可裁定执行法人财产的规定。依据前述规定均无法得出设立分支机构的法人不具有诉讼主体资格的结论。原审判决认定保险公司为适格当事人正确。

第七十五条 设立分支机构提交的材料

保险公司申请设立分支机构，应当向保险监督管理机构提出书面申请，并提交下列材料：

（一）设立申请书；

（二）拟设机构三年业务发展规划和市场分析材料；

（三）拟任高级管理人员的简历及相关证明材料；

（四）国务院保险监督管理机构规定的其他材料。

第七十六条 审批保险公司设立分支机构申请的期限

保险监督管理机构应当对保险公司设立分支机构的申请进行审查，自受理之日起六十日内作出批准或者不批准的决定。决定批准的，颁发分支机构经营保险业务许可证；决定不批准的，应当书面通知申请人并说明理由。

第七十七条 工商登记

经批准设立的保险公司及其分支机构，凭经营保险业务许可证向工商行政管理机关办理登记，领取营业执照。

第七十八条 工商登记期限

保险公司及其分支机构自取得经营保险业务许可证之日起六个月内，无正当理由未向工商行政管理机关办理登记的，其经营保险业务许可证失效。

第七十九条 境外机构设立规定

保险公司在中华人民共和国境外设立子公司、分支机构，应当经国务院保险监督管理机构批准。

第八十条 外国保险机构驻华代表机构设立的批准

外国保险机构在中华人民共和国境内设立代表机构，应当经国务院保险监督管理机构批准。代表机构不得从事保险经营活动。

条文注释

外国保险机构是指在我国境外依照外国法设立，从事保险经营活动的机构。外国保险机构在我国境内可以设立代表机构，该代表机构不从事保险经营活动，其职能是调查研究，为机构总部提供驻在地有关保险方面的信息，起到机构总部与驻在地的沟通、联络作用。通常情况下，外国保险机构一般是在没有设立分支机构的国家或者地区设立代表机构，由代表机构摸情况、打基础，待条件成熟后，再设立分支机构或子公司，开展保险业务。虽然代表机构不直接从事保险业务，但是其活动与保险业务有密切的联系，因而需要保险监督管理机构从总体上把握代表机构的设立情况，以便对其日常活动进行监管。因此，本条规定，外国保险机构在我国境内设立代表机构，事先要取得国务院保险监督管理机构的批准；同时明确，外国保险机构的代表机构不得从事保险经营活动。

第八十一条 董事、监事和高级管理人员任职规定

保险公司的董事、监事和高级管理人员，应当品行良好，熟悉与保险相关的法律、行政法规，具有履行职责所需的经营管理能力，并在任职前取得保险监督管理机构核准的任职资格。

保险公司高级管理人员的范围由国务院保险监督管理机构规定。

条文注释

《保险公司董事、监事和高级管理人员任职资格管理规定》第4条规定了保险公司高管人员的范围。高级管理人员，是指对保险公司经营管理活动和风险控制具有决策权或者重大影响的下列人员：(1) 总公司总经理、副总经理和总经理助理；(2) 总公司董事会秘书、总精算师、合规负责人、财务负责人和审计责任人；(3) 省级分公司总经理、副总经理和总经理助理；(4) 其他分公司、中心支公司总经理；(5) 与上述高级管理人员具有相同职权的管理人员。

相关规定

《保险公司董事、监事和高级管理人员任职资格管理规定》

第八十二条 董事、高级管理人员的任职禁止

有《中华人民共和国公司法》第一百四十六条规定的情形或者下列情形之一的，不得担任保险公司的董事、监事、高级管理人员：

（一）因违法行为或者违纪行为被金融监督管理机构取消任职资格的金融机构的董事、监事、高级管理人员，自被取消任职资格之日起未逾五年的；

（二）因违法行为或者违纪行为被吊销执业资格的律师、注册会计师或者资产评估机构、验证机构等机构的专业人员，自被吊销执业资格之日起未逾五年的。

● *相关规定*

《律师法》第49~51条；《注册会计师法》第39条

第八十三条 董事、监事、高级管理人员的责任

保险公司的董事、监事、高级管理人员执行公司职务时违反法律、行政法规或者公司章程的规定，给公司造成损失的，应当承担赔偿责任。

第八十四条 变更事项批准

保险公司有下列情形之一的，应当经保险监督管理机构批准：

（一）变更名称；

（二）变更注册资本；

（三）变更公司或者分支机构的营业场所；

（四）撤销分支机构；

（五）公司分立或者合并；

（六）修改公司章程；

（七）变更出资额占有限责任公司资本总额百分之五以上的股东，或者变更持有股份有限公司股份百分之五以上的股东；

（八）国务院保险监督管理机构规定的其他情形。

第八十五条 精算报告制度和合规报告制度

保险公司应当聘用专业人员，建立精算报告制度和合规报告制度。

条文注释

保险精算制度，是指保险公司通过专业的、科学的数学计算手段，核定保险产品的保险费率及责任准备金的制度。从保险业经营的需要来说，不仅是人身保险业务特别是人寿保险业务，需要对保险费，包括预定死亡率、预定利息率、预定费用率以及责任准备金的提取比率，进行专业的、科学的计算；对于财产保险业务，也需要对其保险费率，特别是每一个保险产品的损失概率，以及预定费用率及责任准备金的提取比率进行科学计算。随着我国保险市场的发展，保险业经营管理水平的提高，目前保险监督管理机构已经要求所有的保险公司都应当聘请精算专业人员，建立精算报告制度。

第八十六条 如实报送报告、报表、文件和资料

保险公司应当按照保险监督管理机构的规定，报送有关报告、报表、文件和资料。

保险公司的偿付能力报告、财务会计报告、精算报告、合规报告及其他有关报告、报表、文件和资料必须如实记录保险业务事项，不得有虚假记载、误导性陈述和重大遗漏。

条文注释

保险公司的偿付能力是指保险公司在承保之后，如遇有保险事故，其承担赔偿或者给付保险金的能力。或者说，保险公司只有具备了所必需的最低偿付能力，即在保险经营中能够履行其赔付保险金的

义务，才可以依法存在和经营。

第八十七条　账簿、原始凭证和有关资料的保管

保险公司应当按照国务院保险监督管理机构的规定妥善保管业务经营活动的完整账簿、原始凭证和有关资料。

前款规定的账簿、原始凭证和有关资料的保管期限，自保险合同终止之日起计算，保险期间在一年以下的不得少于五年，保险期间超过一年的不得少于十年。

典型案例

王甲、王乙诉保险公司宁德支公司人身保险合同纠纷案［福建省宁德市中级人民法院（2021）闽09民终464号民事判决书］

2010年6月28日，王某某与保险公司宁德支公司签订一份个人保险投保单，在保险公司宁德支公司购买了生命吉祥三宝两全保险（分红型）、生命附加定期重大疾病保险（A款），王某某签字确认本人已阅读保险条款、产品说明书和投保提示书，了解本产品的特点和保单利益的不确定性。保险合同生效日为2010年6月29日，合同期满日为2030年6月28日。生命吉祥三宝两全保险（分红型）基本保险金额30000元，每期保险费1476元，缴费20年，缴费期满日2030年6月28日。生命附加定期重大疾病保险（A款）基本保险金额60000元，每期保险费876元，缴费20年，缴费期满日2030年6月28日。上述保险受益人为王某某儿子王甲、王乙。

王某某于2015年10月在医院神经外科住院，出院诊断：1. 继发性×××，2. 多发腔隙性脑梗死，3. 高血压病，4. 2型糖尿病等。2018年10月8日至2018年10月19日王某某再次在医院住院治疗，入院记录现病史载明："……5天前无明显诱因头晕再发，伴右侧肢体无

力、行走不稳……偏瘫，口眼歪斜……”；体格检查载明：“神志清楚，发育中等，体形肥胖，轮椅入院……伸舌无法配合，四肢肌力检查不配合，右肢对痛觉刺激反应差，双侧肢体肌力及肌张力正常……直线行走试验无法配合……”；出院诊断：1. 高血压性心脏病、高血压病（3级很高危）心功能Ⅱ级，2. 脑梗死（左颞枕叶及丘脑），3. 左椎动脉闭塞，4. 左大脑后动脉闭塞，5. 左大脑中动脉狭窄（M1段），6. 2型糖尿病，7. 混合性高脂血症等。2019年5月7日至2019年5月28日，王某某第3次在医院住院治疗；入院记录现病史载明：“10天前受凉后头晕再发……偏瘫，口眼歪斜……”；体格检查载明：“……脊柱生理弯曲存在，四肢无畸形……右侧肌力4+，左侧肌力及肌张力正常……”；出院诊断：1. 高血压病3级（极高危）高血压性心脏病心功能Ⅱ级，2. 社区获得性肺炎、非重症，3. 2型糖尿病，4. 脑梗死（左颞枕叶及丘脑），5. 左椎动脉闭塞，6. 左大脑后动脉闭塞，7. 左大脑中动脉狭窄（M1段），8. 混合性高脂血症等。王某某因病死亡后于2020年9月6日火化。

2020年9月14日，王乙向保险公司宁德支公司申请保险理赔，申请项目包含疾病和身故，并将保单正本（包括保险条款）等材料交付给保险公司宁德支公司。保险公司宁德支公司于当日作出理赔决定通知书，赔付生命吉祥三宝两全保险（分红型）保险金33396.87元，该保险金已汇入王乙银行账户。保险公司宁德支公司未对生命附加定期重大疾病保险（A款）作出书面理赔决定。王甲、王乙交付给保险公司宁德支公司的涉案保险条款的原始原件已被保险公司宁德支公司销毁，保险公司宁德支公司向王甲、王乙出具了重新打印的生命附加定期重大疾病保险（A款）条款。

生效裁判认为，《中华人民共和国保险法》第八十七条规定：

“保险公司应当按照国务院保险监督管理机构的规定妥善保管业务经营活动的完整账簿、原始凭证和有关资料。前款规定的账簿、原始凭证和有关资料的保管期限，自保险合同终止之日起计算，保险期间在一年以下的不得少于五年，保险期间超过一年的不得少于十年。”王甲、王乙在王某某病故后向保险公司宁德支公司申请生命附加定期重大疾病保险（A款）理赔，保险公司宁德支公司在未针对该保险发出拒绝赔偿或拒绝给付保险金通知书并说明理由的情况下将王甲、王乙交付的相关保险条款原始原件销毁，违反法律关于保险公司保管义务的规定，使该保险条款的原始原件无法作为本案证据使用，损害诉讼秩序的正常进行，有悖诚信诉讼的基本理念，使得一审法院具有合理理由怀疑被销毁的保险条款原始原件内容对保险公司宁德支公司存有不利或其他特别的约定，保险公司宁德支公司应对其行为承担不利的法律后果，故依法可以认定王甲、王乙主张的相关事实成立，即王某某因脑梗死死亡属于生命附加定期重大疾病保险（A款）的理赔范围，王某某在保险期间身故的，保险公司一次性赔付保险金60000元的事实成立。

第八十八条 聘请或解聘中介服务机构

保险公司聘请或者解聘会计师事务所、资产评估机构、资信评级机构等中介服务机构，应当向保险监督管理机构报告；解聘会计师事务所、资产评估机构、资信评级机构等中介服务机构，应当说明理由。

第八十九条 解散和清算

保险公司因分立、合并需要解散，或者股东会、股东大会决议解散，或者公司章程规定的解散事由出现，经国务院保险监督管理机构批准后解散。

经营有人寿保险业务的保险公司，除因分立、合并或者被依法撤销外，不得解散。

保险公司解散，应当依法成立清算组进行清算。

第九十条 重整、和解和破产清算

保险公司有《中华人民共和国企业破产法》第二条规定情形的，经国务院保险监督管理机构同意，保险公司或者其债权人可以依法向人民法院申请重整、和解或者破产清算；国务院保险监督管理机构也可以依法向人民法院申请对该保险公司进行重整或者破产清算。

第九十一条 破产财产清偿顺序

破产财产在优先清偿破产费用和共益债务后，按照下列顺序清偿：

（一）所欠职工工资和医疗、伤残补助、抚恤费用，所欠应当划入职工个人账户的基本养老保险、基本医疗保险费用，以及法律、行政法规规定应当支付给职工的补偿金；

（二）赔偿或者给付保险金；

（三）保险公司欠缴的除第（一）项规定以外的社会保险费用和所欠税款；

（四）普通破产债权。

破产财产不足以清偿同一顺序的清偿要求的，按照比例分配。

破产保险公司的董事、监事和高级管理人员的工资，按照该公司职工的平均工资计算。

条文注释

破产财产优先支付破产费用和共益债务后，尚有剩余的，才能依照法定的顺序进行清偿。依本条的规定，受破产财产清偿的请求权分为四个顺位：第一顺位请求权为保险公司所欠职工工资和劳动保险费用请求权；第二顺位请求权为被保险人或受益人对保险公司享有的赔偿或者给付保险金请求权；第三顺位为保险公司所欠税款请求权；第四顺位为对保险公司享有的一般债权。如果破产财产不足以清偿同一顺位的保险公司债务的，则按照比例清偿。

第九十二条 人寿保险合同及责任准备金转让

经营有人寿保险业务的保险公司被依法撤销或者被依法宣告破产的，其持有的人寿保险合同及责任准备金，必须转让给其他经营有人寿保险业务的保险公司；不能同其他保险公司达成转让协议的，由国务院保险监督管理机构指定经营有人寿保险业务的保险公司接受转让。

转让或者由国务院保险监督管理机构指定接受转让前款规定的人寿保险合同及责任准备金的，应当维护被保险人、受益人的合法权益。

第九十三条 经营保险业务许可证的注销

保险公司依法终止其业务活动，应当注销其经营保险业务许可证。

第九十四条 适用公司法的规定

保险公司，除本法另有规定外，适用《中华人民共和国公司法》的规定。

第四章 保险经营规则

第九十五条 业务范围

保险公司的业务范围：

（一）人身保险业务，包括人寿保险、健康保险、意外伤害保险等保险业务；

（二）财产保险业务，包括财产损失保险、责任保险、信用保险、保证保险等保险业务；

（三）国务院保险监督管理机构批准的与保险有关的其他业务。

保险人不得兼营人身保险业务和财产保险业务。但是，经营财产保险业务的保险公司经国务院保险监督管理机构批准，可以经营短期健康保险业务和意外伤害保险业务。

保险公司应当在国务院保险监督管理机构依法批准的业务范围内从事保险经营活动。

条文注释

财产保险业务，是指保险公司以财产及其有关利益为保险对象的业务。这里的财产既包括有形的财产，也包括无形的财产，前者如房屋、汽车、商品等，后者如财产权利、财产责任、预期收益等。财产保险业务，以财产及其利益作为保险对象，由投保人交付保险费，形成保险基金，当保险财产及其利益在保险事故中遭受损失时，由保险公司赔偿保险金。

实用问答

1. 问：财产保险业务包括哪些类别？

答：财产保险业务作为保险业务的两大基本类别之一，还可以进行细分，如：

（1）财产损失保险业务，是指保险公司以有形财产为保险标的而从事的保险业务。财产损失保险业务的特点在于，投保人按照约定向保险公司支付保险费，在被保险财产发生保险事故而受到损失时，保险公司按照约定向被保险人给付保险赔偿金。

（2）责任保险业务，是指保险公司以被保险人依法应当对第三人承担的赔偿责任为保险标的而从事的保险业务。责任保险业务的特点在于，投保人按照约定向保险公司支付保险费，在被保险人应当向第三人承担赔偿责任时，由保险公司按照约定向被保险人给付保险赔偿金。

（3）信用保险业务，是指保险公司对被保险人的信用或者履约能力提供担保而从事的保险业务。信用保险业务的特点在于，投保人按照约定向保险公司支付保险费，在被保险人不能偿付其支付款项的义务时，由保险公司按照约定对被保险人承担赔偿责任。

2. 问：人身保险业务包括哪些类别？

答：人身保险业务，是以人的寿命和身体为保险对象的保险业务，在本条划分为人寿保险、健康保险以及意外伤害保险等人身保险业务。

（1）人寿保险业务。保险公司以被保险人在保险期限内死亡、残废或者在保险期限届满时仍生存作为给付保险金条件而从事的保险业务。人寿保险业务又可以具体划分为死亡保险、生存保险、生死两全保险、简易人身保险、年金保险业务等。人寿保险的保险标的为被保险人的寿命，或者为被保险人的死亡或残废，或者为被保险人的生存，或者为被保险人的死亡和生存二者。开展人寿保险业务的期间一般较长，保险公司承担的给付保险金的责任期间相应较长，保险公司应当留存足够的人寿保险准备金。

（2）健康保险业务。健康保险业务又称为疾病保险业务。保险公司对被保险人在保险期限内发生疾病、分娩或由此引起的残废、死亡承担给付保险金责任而开展的保险业务。健康保险业务为综合性保险业务，保险公司不仅承保被保险人的疾病和因疾病致残的风险，而且承保被保险人因病死亡的风险。健康保险具有综合附加险和短期险的特征，国外有的将其称为“第三领域”的保险，允许财险公司开展这方面的业务。

（3）意外伤害保险业务。保险公司对被保险人遭受的意外伤害或者因意外伤害致残、死亡承担给付保险金责任而开展的保险业务。意外伤害保险业务，可以具体分为一般意外伤害保险、旅客意外伤害保险和职业伤害保险等三大类业务。意外伤害保险既可以作为财产综合险中的附加险，也有短期险的特征，也是所谓“第三领域”的保险。

第九十六条 再保险业务

经国务院保险监督管理机构批准，保险公司可以经营本法第九十五条规定的保险业务的下列再保险业务：

（一）分出保险；

（二）分入保险。

相关规定

《再保险业务管理规定》

第九十七条 保证金

保险公司应当按照其注册资本总额的百分之二十提取保证金，存入国务院保险监督管理机构指定的银行，除公司清算时用于清偿债务外，不得动用。

条文注释

保证金，是指保险公司设立后，应当依法提取并向保险监督管理机构指定的金融机构缴存的、用于担保保险公司的偿付能力的资金。

相关案例索引

实业公司不服执行裁定案［北京市高级人民法院（2023）京执复50号执行裁定书］

保险公司的资本保证金属于法律明确规定的不得动用的财产，不得动用指的是除保险公司清算时清偿债务之外不得使用也不能被强制执行，进而也不应当被查封、扣押、冻结，对其查封、扣押、冻结也不具有任何意义。

第九十八条 责任准备金

保险公司应当根据保障被保险人利益、保证偿付能力的原则，提取各项责任准备金。

保险公司提取和结转责任准备金的具体办法，由国务院保险监督管理机构制定。

条文注释

保险责任准备金，是指保险公司为保证其如约履行保险赔偿或给付义务而提取的、与其所承担的保险责任相对应的基金。保险责任准备金包括未决赔款准备金、已发生未报告赔款准备金、未到期责任准备金、长期责任准备金、寿险责任准备金、长期健康险责任准备金等。保险公司提存的各项保险责任准备金必须真实、充足。

第九十九条 公积金

保险公司应当依法提取公积金。

第一百条 保险保障基金

保险公司应当缴纳保险保障基金。

保险保障基金应当集中管理，并在下列情形下统筹使用：

（一）在保险公司被撤销或者被宣告破产时，向投保人、被保险人或者受益人提供救济；

（二）在保险公司被撤销或者被宣告破产时，向依法接受其人寿保险合同的保险公司提供救济；

（三）国务院规定的其他情形。

保险保障基金筹集、管理和使用的具体办法，由国务院制定。

条文注释

保险保障基金，即保险行业风险基金，是指根据法律规定，由保险公司缴纳形成，在保险公司被撤销、被宣告破产或在保险业遇到重大危机的特定情况下，用于向投保方或者保单受让公司等提供救济的法定基金。它与未到期责任准备金和未决赔款准备金不同。未到期责任准备金和未决赔款准备金是保险组织的负债，用于正常情况下的赔款，而保险保障基金则属于保险组织的资本，主要是应付巨大灾害事故的特大赔款，只有在当年业务收入和其他准备金不足以赔付时方能运用。

第一百零一条 最低偿付能力

保险公司应当具有与其业务规模和风险程度相适应的最低偿付能力。保险公司的认可资产减去认可负债的差额不得低于国务院保险监督管理机构规定的数额；低于规定数额的，应当按照国务院保险监督管理机构的要求采取相应措施达到规定的数额。

条文注释

保险公司的偿付能力，是指保险公司对被保险人、受益人履行合同约定的赔偿或者给付保险金责任的能力。保险公司必须具备充足的偿付能力，才能及时、足额地赔偿或者给付保险金，保障投保人、被保险人、受益人的利益，维持自身的稳健经营，促进社会的安定团结。对保险公司偿付能力的监管涉及公司经营的方方面面，包括资本和盈余要求，定价和产品，准备金，再保险，投资方向和比例，关联交易和公司管理等。保险监管机构通过对保险公司偿付能力的有效监管，了解保险公司的财务状况，及时提醒偿付能力不足的保险公司采取积极有效的措施，以恢复偿付能力充足性，切实保障投保人、被保险人、受益人的合法权益。

第一百零二条 财产保险公司自留保险费

经营财产保险业务的保险公司当年自留保险费，不得超过其实有资本金加公积金总和的四倍。

第一百零三条 最大损失责任的赔付要求

保险公司对每一危险单位，即对一次保险事故可能造成的最大损失范围所承担的责任，不得超过其实有资本金加公积金总和的百分之十；超过的部分应当办理再保险。

保险公司对危险单位的划分应当符合国务院保险监督管理机构的规定。

实用问答

问：如何理解“危险单位”？

答：危险单位，是指一次保险事故可能造成的最大损失范围所承担的责任。危险单位确定或计算办法，既可按投保单位划定为一个危险单位，如一只船，包括船中货物和船体本身为投保单位，视作一个危险单位；亦可以将一个具体标的视为一个危险单位，如我们可以视船体本身为一个危险单位，可以视船中货物为另一个危险单位。

第一百零四条 危险单位划分方法和巨灾风险安排方案

保险公司对危险单位的划分方法和巨灾风险安排方案，应当报国务院保险监督管理机构备案。

实用问答

问：如何理解“巨灾”？

答：所谓巨灾，是指人力难以抗拒的、无法有效控制的造成众多人员伤亡或大量财产损失的自然灾害或意外事故。巨灾按其发生的原因可以分为两大类：一是自然灾害风险。比如：气象气候灾害中的大风、暴雨、冰雹、寒潮、干旱、洪水等；地质灾害中的地震、地裂等；地貌灾害中的泥石流、雪崩、滑坡等；生物灾害中的植物病虫害、森林火灾、流行病等。自然灾害造成的损失通常会涉及某一地区的大量人群；灾害造成的损失程度不仅取决于该自然灾害的强度，也取决于受灾地区的抗灾能力、防灾措施等人为因素。二是人为灾难风险。例如，重大火灾、爆炸，航空航天灾难、航运灾难、公路灾难、铁路灾难，建筑物、桥梁倒塌，以及恐怖活动等。人为巨灾风险一般只是小范围内某一大型标的物受到影响，而这一标的物只为少数几张保险单所保障；此类风险一旦发生，将对承保的保险公司的偿付能力造成严重冲击。

第一百零五条 再保险

保险公司应当按照国务院保险监督管理机构的规定办理再保险，并审慎选择再保险接受人。

第一百零六条 资金运用的原则和形式

保险公司的资金运用必须稳健，遵循安全性原则。

保险公司的资金运用限于下列形式：

（一）银行存款；

（二）买卖债券、股票、证券投资基金份额等有价证券；

（三）投资不动产；

（四）国务院规定的其他资金运用形式。

保险公司资金运用的具体管理办法，由国务院保险监督管理机构依照前两款的规定制定。

条文注释

保险公司的资金运用又称保险投资或保险资产运用，是保险公司将自有资金和保险准备金，通过法律允许的各种渠道进行投资或运用来获取投资收益的经营活动。保险公司资金运用的重要性体现在，一方面，保险公司的资金运用以取得盈利而使保险基金增值为目的，是保险公司的主要利润来源之一；另一方面，保险公司的资金主要由各种责任准备金组成，其运用成效直接影响保险公司的偿付能力，进而影响投保人、被保险人、受益人的利益，甚至影响整个社会的安定。

实用问答

问：如何理解保险公司资金运用的三大原则？

答：保险公司的资金运用应当遵循三大原则：一是安全性原则，即保险资金在运用过程中不能发生贬损；二是效益性原则，即保险公司资金运用要在保值的基础上实现增值；三是流动性原则，即运用保险公司的资金所作的投资，应当能够及时、方便变现，以及时履行保险责任。其中，为了保证保险公司的偿付能力充足性，保险公司资金运用的安全性原则最为重要，本法特别予以强调。保险公司运用保险资金的主要目标是追求利润最大化，投资必有风险，为防止保险公司在追求利润最大化的同时而形成的投资风险，保险公司必须稳健经营，其资金运用首先应当保证资金的安全性，注意防范和分散风险，避免受到损失。

相关规定

《保险资金境外投资管理暂行办法》；《保险资金间接投资基础设施项目管理办法》；《保险机构投资者股票投资管理暂行办法》

第一百零七条 保险资产管理公司

经国务院保险监督管理机构会同国务院证券监督管理机构批准，保险公司可以设立保险资产管理公司。

保险资产管理公司从事证券投资活动，应当遵守《中华人民共和国证券法》等法律、行政法规的规定。

保险资产管理公司的管理办法，由国务院保险监督管理机构会同国务院有关部门制定。

第一百零八条 关联交易管理和信息披露制度

保险公司应当按照国务院保险监督管理机构的规定，建立对关联交易的管理和信息披露制度。

第一百零九条 关联交易的禁止

保险公司的控股股东、实际控制人、董事、监事、高级管理人员不得利用关联交易损害公司的利益。

第一百一十条 重大事项披露

保险公司应当按照国务院保险监督管理机构的规定，真实、准确、完整地披露财务会计报告、风险管理状况、保险产品经营情况等重大事项。

第一百一十一条　保险销售人员任职资格

保险公司从事保险销售的人员应当品行良好，具有保险销售所需的专业能力。保险销售人员的行为规范和管理办法，由国务院保险监督管理机构规定。

典型案例

吴某、保险公司常州分公司劳动争议案［江苏省常州市中级人民法院（2022）苏04民终4033号民事判决书］

保险公司系经登记核准成立的股份有限公司分公司（非上市），其经营范围为普通型保险、健康保险、意外伤害保险、分红型保险等业务。2020年11月11日，吴某为乙方、保险公司为甲方签订《银行保险代理合同书》（2017版）一份，约定甲方委托乙方代理销售银保人身保险业务事宜。合同第一条约定甲乙双方基于本合同形成委托代理关系，自合同生效之日起，甲方委托乙方在授权区域内代理销售银保人身保险业务，承担该行为产生的法律责任，乙方从事约定的代理销售行为，获得甲方支付的代理费，该条第（一）项同时加黑标注“本合同的订立并不直接或间接地构成甲乙双方之间的劳动合同关系”；该条第（四）项约定合同的有效期为一年，自合同生效之日起起算；该条第（五）项约定甲方依照保险法、监管办法等有关规定，制定《保险公司江苏分公司银保代理人员基本管理办法》，作为甲方对乙方管理的基本办法；制定《保险公司银保业务销售人员基本管理办法》，作为甲方对乙方业务品质的管理办法；乙方自愿遵守银保基本法及品质管理办法等相关制度，并自愿接受甲方的监督管理。合同第二条明确了乙方的代理权限和范围。第五条代理费约定甲方应按照银保基本法、品质管理办法及甲方有关规定向乙方支付代理费，但由乙方所得代理费产生的税费由乙方承担，除不可抗力情况外，甲方应最迟于每月25日根据规定发放上月代理费（遇节假日顺延）。第七条第（一）项约定本合同履行期限届满没有顺延的法定终止。

关于销售代理合同的签订情况，吴某称其一共签订过两份合同，两份合同是一起签的，合同内容其也没有看，合同期限是一年还是三年其不清楚。在仲裁时保险公司拿出了两份合同，一份三年期合同，一份一年期合同，当时其认可签字是其签的，但里面的内容不认可。三年期合同的原件在仲裁时其拿回去了，现在找不到了。保险公司提交的一年期合同原件的骑缝章对不上，骑缝章没有盖到所有的页面，里面伪造合同也是有可能的。保险公司称因为保险公司工作失误问题，先和吴某签订了一份三年期合同，后又签订了一份一年期合同，因为三年的签错了，所以在一个月内改签了一年的合同，其他像吴某这样的职务也都是签订的一年合同，两份合同除了期限不同，其他内容都相同，当时保险公司内勤为了省事就只更换了合同封面及合同第一页以及最后签字页让吴某签字，其他内容延续之前三年期合同版本没有更换，所以才出现了合同第一页与第二页文字内容不匹配的情况。

合同签订后，吴某至保险公司设置于银行的点位从事银行保险业务，保险公司考勤要求于每日九点前、下午两点前两次准时打卡拍照，打卡要求需清晰可见当日日期及人脸。一审庭审中，吴某称2020年确实在保险公司钉钉上打卡，2021年7月起吴某没再打卡，因为吴某得到薛某总口头批准，因为吴某所有业绩连续9个月全省第一，所以不需要打卡，薛某总在“银保大家庭”的群里也发过只要业绩达到7万元就可以不用打卡，即使没有业务提成，保险公司也会发放基本工资，该费用每月保险公司稳定发放给吴某，说明双方具有经济上的依赖性，双方存在劳动关系。保险公司称钉钉打卡无法准确定位，且吴某的工作地点不固定，为了有效管理代理人的工作，保险公司就在群内发布公告提出了打卡必须在清晰可见当日时间的情况下在取款机旁边露脸，但吴某从未按照保险公司的要求在群内或者钉钉上进行打卡，但根据其方提供的工资条可以看出，无论吴某是否按照要求打卡、出勤，其方均全额向吴某发放基本津贴。可见，其公司与吴某之间并没有人身依附性的管理关系。

仲裁庭审时，吴某确认其工资构成为基本工资+佣金+管理津贴+续期服务费（续保佣金），保险公司称吴某工资计算方式以基本法为准。吴某提供的银行账户交易明细显示保险公司委托银行于每月25日前向吴某发放报酬，交易摘要显示：代发工资。保险公司认为账户交易明细中所写虽为工资，实际是劳务报酬，也是按劳务报酬来纳税的，工资和劳务报酬的纳税比例是不一样的。

2021年9月10日，保险公司向吴某发出通知，载明吴某与保险公司于2020年11月11日至2021年11月11日的代理合同已到期，保险公司不予以续签。吴某于2021年11月18日向常州市钟楼区劳动人事争议仲裁委员会申请仲裁，其仲裁请求：1. 确认劳动关系，2020年11月11日至2021年11月11日；2. 要求被申请人（即保险公司）支付经济补偿金一个半月工资59374.028元；3. 要求国联公支付续佣费用50000元。钟楼仲裁委于2021年11月30日立案受理。2022年1月17日，该委员会作出仲裁决定书，决定终结案件的审理。吴某遂提起诉讼，要求判如所请。

生效裁判认为，吴某以其与保险公司之间存在劳动关系为由提起本案诉讼，需依法就其主张承担相应的举证责任。但从保险公司提交的双方签订的《银行保险代理合同书》来看，该合同书第一条约定双方基于本合同形成委托代理关系，该条第（一）项又明确本合同的订立并不直接或间接地构成甲乙双方之间的劳动合同关系。该份合同系双方当事人的真实意思表示，其内容未违反法律法规的强制性规定，合法有效。故上述内容足以表明双方之间系委托代理关系而非劳动合同关系。至于吴某对该合同的版本以及骑缝章等提出的异议，因其对合同上签名的真实性予以认可，其本人又未提交加盖有保险公司公章的其他合同版本否认上述合同的真实性，故原审法院认定案涉合同的真实性并无不当。虽然合同第一条第（五）项约定甲方依照保险法、监管办法等有关规定制定《保险公司银保业务销售人员基本管理办法》，作为甲方对乙方管理的基本办法。但在双方未签订劳动合同的情况下，仅凭该管理办法不足以确认双方之间存在劳动关系。判断劳动关系是否成立的核心在于认定用人单位是否对劳动者具有支配权，劳动者相对于用人单位是否有人格从属性。《中华人民共和国保险法》第一百一十一条规定，保险公司从事保险销售的人员应当品行良好，具有保险销售所需的专业能力。保险销售人员的行为规范和管理办法，由国务院保险监督管理机构规定。第一百一十二条规定，保险公司应当建立保险代理人登记管理制度，加强对保险代理人的培训和管理，不得唆使、诱导保险代理人进行违背诚信义务的活动。根据上述规定，保险公司为了控制风险，规范相关的经营活动，负有对保险代理人进行管理的义务。因此，保险公司要求吴某在钉钉上打卡签到以及参加培训、会议等行为，系依法履行其管理义务的行为，上述行为不应当被认定为保险公司对吴某具有支配权，吴某相对于保险公司具有人格从属性。而且，吴某的主要收入来源为业务佣金，符合保险代理关系的特征，故原审法院对吴某主张的劳动关系未予认可并无不当。

第一百一十二条　保险代理人登记制度

保险公司应当建立保险代理人登记管理制度，加强对保险代理人的培训和管理，不得唆使、诱导保险代理人进行违背诚信义务的活动。

第一百一十三条　依法使用经营保险业务许可证

保险公司及其分支机构应当依法使用经营保险业务许可证，不得转让、出租、出借经营保险业务许可证。

第一百一十四条　公平合理拟订保险条款和保险费率并及时履行义务

保险公司应当按照国务院保险监督管理机构的规定，公平、合理拟订保险条款和保险费率，不得损害投保人、被保险人和受益人的合法权益。

保险公司应当按照合同约定和本法规定，及时履行赔偿或者给付保险金义务。

第一百一十五条　公平竞争原则

保险公司开展业务，应当遵循公平竞争的原则，不得从事不正当竞争。

第一百一十六条　保险业务行为禁止

保险公司及其工作人员在保险业务活动中不得有下列行为：

（一）欺骗投保人、被保险人或者受益人；

（二）对投保人隐瞒与保险合同有关的重要情况；

（三）阻碍投保人履行本法规定的如实告知义务，或者诱导其不履行本法规定的如实告知义务；

（四）给予或者承诺给予投保人、被保险人、受益人保险合同约定以外的保险费回扣或者其他利益；

（五）拒不依法履行保险合同约定的赔偿或者给付保险金义务；

（六）故意编造未曾发生的保险事故、虚构保险合同或者故意夸大已经发生的保险事故的损失程度进行虚假理赔，骗取保险金或者牟取其他不正当利益；

（七）挪用、截留、侵占保险费；

（八）委托未取得合法资格的机构从事保险销售活动；

（九）利用开展保险业务为其他机构或者个人牟取不正当利益；

（十）利用保险代理人、保险经纪人或者保险评估机构，从事以虚构保险中介业务或者编造退保等方式套取费用等违法活动；

（十一）以捏造、散布虚假事实等方式损害竞争对手的商业信誉，或者以其他不正当竞争行为扰乱保险市场秩序；

（十二）泄露在业务活动中知悉的投保人、被保险人的商业秘密；

（十三）违反法律、行政法规和国务院保险监督管理机构规定的其他行为。

第五章　保险代理人和保险经纪人

第一百一十七条　保险代理人

保险代理人是根据保险人的委托，向保险人收取佣金，并在保险人授权的范围内代为办理保险业务的机构或者个人。

保险代理机构包括专门从事保险代理业务的保险专业代理机构和兼营保险代理业务的保险兼业代理机构。

条文注释

保险代理人，是指根据保险人的委托，在保险人授权的范围内代为办理保险业务，并依法向保险人收取佣金的单位或个人。保险代理人可以是单位，也可以是个人。保险代理人主要分为三大类：第一类是专业保险代理机构，是指经保险监督管理机构批准设立并办理工商登记的，根据保险人的委托，在保险人授权的范围内专门办理保险业务的企业；第二类是兼营保险代理机构，是指经保险监督管理机构核准，接受保险人的委托，在从事自身业务的同时，为保险人代办保险业务的企业；第三类是个人保险代理人，是指接受保险人委托，代为办理保险业务的自然人。无论是保险代理机构，还是个人保险代理人，都应当具备保险监督管理机构规定的资格条件，并取得保险监督管理机构颁发的经营保险代理业务许可证，向市场监督管理机关办理登记，领取营业执照。

相关案例索引

保险公司嘉峪关分公司、张某芳保险合同案［甘肃省嘉峪关市中级人民法院（2023）甘02民终354号民事判决书］

保险公司嘉峪关分公司提交的《保险营销员保险代理合同（B类）》证实，保险公司嘉峪关分公司与陈某之间存在保险代理合同关系，故陈某根据保险公司嘉峪关分公司的授权代为办理保险业务的行为所产生的法律后果，应由保险人保险公司嘉峪关分公司承担。虽然保险公司嘉峪关分公司主张自2021年4月陈某就不再从事保险代理合同约定的业务，但其并未将陈某不再从事代理业务的相关情形告知张某芳，故其关于陈某的行为未构成欺诈，其与陈某仅为保险代理关系，而非劳动合同关系，其不承担责任的上诉理由不成立。

第一百一十八条 保险经纪人

保险经纪人是基于投保人的利益，为投保人与保险人订立保险合同提供中介服务，并依法收取佣金的机构。

实用问答

问：如何区分保险经纪人与保险代理人？

答：（1）保险经纪人是基于投保人的利益，与保险人或其代理人洽谈保险合同，而保险代理人则是根据保险人的委托而代为办理保险业务。

（2）保险经纪人虽然一般也像保险代理人一样，向保险人收取佣金，但有的时候他也可以向委托人收取佣金，如经纪人为其提供风险咨询、充当风险管理顾问等。

（3）保险经纪人收取佣金的行为，对保险人无约束力，即法律上不视为保险人已经收到，被保险人不能以此为由主张保险合同业已成立，但是在投保人或被保险人授权的情况下，其在授权范围内所为的行为则对投保人或被保险人有约束力；而保险代理人收取保险费后，即使实际尚未交付给保险人，在法律上则视为保险人已收到。

（4）保险经纪人的业务范围要比保险代理人广，如他也可受被保险人的委托，为被保险人提供防灾、防损或风险评估、风险管理咨询服务等，也可以代理被保险人进行损失的勘察和理赔。

相关案例索引

保险公司上海分公司与货架公司人身保险合同纠纷案［上海金融法院（2022）沪74民终785号民事判决书］

保险经纪人系从投保人利益出发为投保人或被保险人拟定投保方案、办理投保手续等与保险人订立合同提供中介服务。同时，保险经纪人通常是向保险人收取佣金作为其报酬。因此，保险经纪人是否取得投保人代理人的地位仍需获得投保人的授权，并依据投保人的授权范围行使其职责。本案中，A公司与货架公司之间并未签订过委托合同，货架公司也未向A公司出具过授权委托书。从货架公司投保的流程来看，即使A公司代货架公司与保险公司上海分公司就保险条款达成一致，仍需由货架公司在投保单上加盖公章予以确认。货架公司虽委托A公司向保险公司上海分公司投保，但并未明确授权A公司有权代表其同意增加相关条款。系争“高空违法作业免责条款”的增加发生于货架公司在投保单上盖章之后。保险公司上海分公司在与A公司张某2就增加系争免责条款达成一致意见后未再出具新的投保单交由货架公司盖章，仅在嗣后出具的保单特别约定栏将该免责条款予以列明，且该保单上货架公司亦未加盖公章予以确认。鉴于此，货架公司主张其未就增加系争免责条款做出确认的意思表示，于理有据。

第一百一十九条 保险代理机构、保险经纪人的资格条件及从业许可

保险代理机构、保险经纪人应当具备国务院保险监督管理机构规定的条件，取得保险监督管理机构颁发的经营保险代理业务许可证、保险经纪业务许可证。

第一百二十条 以公司形式设立的保险专业代理机构、保险经纪人的注册资本

以公司形式设立保险专业代理机构、保险经纪人，其注册资本最低限额适用《中华人民共和国公司法》的规定。

国务院保险监督管理机构根据保险专业代理机构、保险经纪人的业务范围和经营规模，可以调整其注册资本的最低限额，但不得低于《中华人民共和国公司法》规定的限额。

保险专业代理机构、保险经纪人的注册资本或者出资额必须为实缴货币资本。

第一百二十一条 保险专业代理机构、保险经纪人的高级管理人员的经营管理能力与任职资格

保险专业代理机构、保险经纪人的高级管理人员，应当品行良好，熟悉保险法律、行政法规，具有履行职责所需的经营管理能力，并在任职前取得保险监督管理机构核准的任职资格。

第一百二十二条 个人保险代理人、保险代理机构的代理从业人员、保险经纪人的经纪从业人员的任职资格

个人保险代理人、保险代理机构的代理从业人员、保险经纪人的经纪从业人员，应当品行良好，具有从事保险代理业务或者保险经纪业务所需的专业能力。

第一百二十三条 经营场所与账簿记载

保险代理机构、保险经纪人应当有自己的经营场所，设立专门账簿记载保险代理业务、经纪业务的收支情况。

第一百二十四条 保险代理机构、保险经纪人缴存保证金或者投保职业责任保险

保险代理机构、保险经纪人应当按照国务院保险监督管理机构的规定缴存保证金或者投保职业责任保险。

第一百二十五条 个人保险代理人代为办理人寿保险业务接受委托的限制

个人保险代理人在代为办理人寿保险业务时，不得同时接受两个以上保险人的委托。

第一百二十六条 保险业务委托代理协议

保险人委托保险代理人代为办理保险业务，应当与保险代理人签订委托代理协议，依法约定双方的权利和义务。

第一百二十七条　保险代理责任承担

保险代理人根据保险人的授权代为办理保险业务的行为，由保险人承担责任。

保险代理人没有代理权、超越代理权或者代理权终止后以保险人名义订立合同，使投保人有理由相信其有代理权的，该代理行为有效。保险人可以依法追究越权的保险代理人的责任。

条文注释

这里所说的"有理由相信"，是指投保人不知道或者不应当知道保险代理人超越了代理权，而且投保人尽了必要的注意义务，即投保人不存在疏忽大意的过失。同时，除超越代理权这种情形外，保险代理人没有代理权或者代理权终止后以保险人的名义订立保险合同，投保人有理由相信保险代理人有代理权的，该代理行为也有效，由此产生的保险责任由保险人承担。当然，保险代理人应当对自己超越代理权的行为承担相应的责任。如果保险代理人超越职权的行为，造成保险人多承担了责任，或者给保险人造成了其他损害，保险人可以就该损害要求保险代理人予以赔偿。此为表见代理制度在保险代理中的体现。

典型案例

保险公司与李某英人身保险合同纠纷案［北京金融法院（2023）京74民终713号民事判决书］

2020年12月15日，李某英向保险公司投保爱加倍（挚爱版）终身重大疾病保险，保险合同号为86000950×××××××，被保险人为李某英，保险期间为终身，交费期间为20年，交费方式为年交，保费为15450元，基本保险金为50万元。保险责任：重疾保险金责任50万元，中症保险金责任30万元，轻症保险金责任20万元，身故保险金责任/全残保险金责任，疾病终末期保险金责任50万元，重大疾病、中症疾病或轻症疾病豁免保险费。保单注明销售机构名称：保险代理公司，理财顾问姓名：王某某。投保时，保险公司通过网页对李某英进行询问，其中就“是否已经或正在投保其他保险公司的人身保险”，李某英选择“否”。同日，李某英交纳首期保费15450元。

2021年9月4日，李某英在医院确诊（双侧）甲状腺恶性肿瘤、（双侧）颈部淋巴结继发恶性肿瘤。李某英向保险公司提出理赔申请。保险公司于2021年10月25日委托保险评估公司进行调查。2021年11月12日，保险评估公司出具报告，报告称未发现李某英在投保前存在既往病史，同业排查查及李某英在15家保险公司存在投保记录，其中大部分为重疾保险。最早投保记录为2014年，2016年、2018年均有投保，2020年10月至12月15日期间，李某英投保了多份保险，此后至2021年1月，李某英又投保了多份保险。

2021年11月17日，保险公司作出理赔解约通知书及理赔决定通知书，内容如下：86000950×××××××号保险合同因既往曾在多家保险公司投保人身保险，投保时未如实告知，解除86000950×××××××号保险合同，不退费，拒付保险金。李某英已收到该解除通知书。

另查：2020年12月15日，李某英通过保险代理公司工作人员王某某还投保了另一家保险公司的重大疾病保险。李某英主张这样投保系王某某的建议，但未提供相应证据证明。其主张同日向王某某投保两份保险，王某某应当知道其存在重复投保情况。保险公司在一审庭审中认可与保险代理公司系代理关系，后又否认该主张，但并未提交相应证据。保险公司主张涉案保险是当天投保的第一份保险，李某英未告知王某某此前投保情况，并提交《保险代理公司涉案保单投保情况说明》，该说明仅有保险代理公司印章，并无负责人或制作材料人员签章，保险公司亦未作出进一步说明。李某英对该说明不予认可，但亦不能说明当日购买情况。

保险公司主张未留存李某英投保过程的记录，现案涉保险产品业已下架。保险公司称如李某英就询问的在先投保问题选择“是”，将转入人工核保并将视其健康状况、投保总额等情况决定是否增加保费或降低保额等。

生效裁判认为，本案争议焦点是保险公司与保险代理公司之间系保险代理关系还是保险经纪关系。《保险经纪人监管规定》第十一条规定，保险经纪人的名称中应当包含“保险经纪”字样；《保险代理人监管规定》第十一条规定，保险代理人的名称中应当包含“保险代理”字样。根据上述规定，保险代理公司的名称明确定义为“保险代理”，且在一审审理中，保险公司已认可保险代理公司为其代理机构，在无相反证据推翻的情况下，本院对保险公司所称其与保险代理公司之间系保险经纪关系的意见不予采信。《中华人民共和国保险法》第一百二十七条第一款规定，保险代理人根据保险人的授权代为办理保险业务的行为，由保险人承担责任。保险代理公司在保险公司授权的范围内代为办理保险业务，其法律后果应由保险公司承担。保险公司通过保险代理公司的代理行为，接受李某英投保，收取其保费，双方的保险合同已经生效。

第一百二十八条　保险经纪人的赔偿责任

保险经纪人因过错给投保人、被保险人造成损失的，依法承担赔偿责任。

第一百二十九条　保险事故的评估和鉴定

保险活动当事人可以委托保险公估机构等依法设立的独立评估机构或者具有相关专业知识的人员，对保险事故进行评估和鉴定。

接受委托对保险事故进行评估和鉴定的机构和人员，应当依法、独立、客观、公正地进行评估和鉴定，任何单位和个人不得干涉。

前款规定的机构和人员，因故意或者过失给保险人或者被保险人造成损失的，依法承担赔偿责任。

条文注释

接受保险人或者被保险人的委托，办理保险事故的勘验、鉴定、评估以及赔款理算的中介机构或者个人，通常被称为保险公估人。

保险公估人对其过错行为应当依法承担赔偿责任。保险公估人承担过错赔偿责任应当具备下列条件：(1) 保险公估人必须具有主观上的过错。过错指的是保险公估人在从事保险事故评估、鉴定业务中的一种主观状态，包括故意和过失两个方面。故意指的是保险公估人知道或者应当知道其行为会给保险人或者被保险人造成损害，而希望或者放任这种损害后果的发生。过失指的是保险公估人对其行为会给保险人或者被保险人造成损害的后果应当预见而没有预见到，或者虽然已经预见但轻信该后果能够避免。(2) 保险公估人的过错行为给保险人或者被保险人造成了损失。这种损失在保险评估、鉴定业务中一般是经济上的损失，包括直接损失和间接损失。直接损失是指保险人或者被保险人现有财产和利益的减少。间接损失是指保险人或者被保险人应当得到或者能够得到的利益而没有得到。(3) 保险人或者被保险人的损失与保险公估人的过错行为之间存在因果关系。因果关系是指一定的事实与一定的行为之间存在客观的、必然的联系。如果保险人、被保险人的损失不是由保险公估人的过错行为造成的，保险公估人就不存在承担赔偿责任的问题。

第一百三十条 保险佣金的支付

保险佣金只限于向保险代理人、保险经纪人支付，不得向其他人支付。

第一百三十一条 保险代理人、保险经纪人及其从业人员的禁止行为

保险代理人、保险经纪人及其从业人员在办理保险业务活动中不得有下列行为：

（一）欺骗保险人、投保人、被保险人或者受益人；

（二）隐瞒与保险合同有关的重要情况；

（三）阻碍投保人履行本法规定的如实告知义务，或者诱导其不履行本法规定的如实告知义务；

（四）给予或者承诺给予投保人、被保险人或者受益人保险合同约定以外的利益；

（五）利用行政权力、职务或者职业便利以及其他不正当手段强迫、引诱或者限制投保人订立保险合同；

（六）伪造、擅自变更保险合同，或者为保险合同当事人提供虚假证明材料；

（七）挪用、截留、侵占保险费或者保险金；

（八）利用业务便利为其他机构或者个人牟取不正当利益；

（九）串通投保人、被保险人或者受益人，骗取保险金；

（十）泄露在业务活动中知悉的保险人、投保人、被保险人的商业秘密。

第一百三十二条　准用条款

本法第八十六条第一款、第一百一十三条的规定，适用于保险代理机构和保险经纪人。

第六章　保险业监督管理

第一百三十三条　保险监督管理机构职责

保险监督管理机构依照本法和国务院规定的职责，遵循依法、公开、公正的原则，对保险业实施监督管理，维护保险市场秩序，保护投保人、被保险人和受益人的合法权益。

第一百三十四条　国务院保险监督管理机构立法权限

国务院保险监督管理机构依照法律、行政法规制定并发布有关保险业监督管理的规章。

第一百三十五条 保险条款与保险费率的审批与备案

关系社会公众利益的保险险种、依法实行强制保险的险种和新开发的人寿保险险种等的保险条款和保险费率，应当报国务院保险监督管理机构批准。国务院保险监督管理机构审批时，应当遵循保护社会公众利益和防止不正当竞争的原则。其他保险险种的保险条款和保险费率，应当报保险监督管理机构备案。

保险条款和保险费率审批、备案的具体办法，由国务院保险监督管理机构依照前款规定制定。

第一百三十六条 对违法、违规保险条款和费率采取的措施

保险公司使用的保险条款和保险费率违反法律、行政法规或者国务院保险监督管理机构的有关规定的，由保险监督管理机构责令停止使用，限期修改；情节严重的，可以在一定期限内禁止申报新的保险条款和保险费率。

● *条文注释*

强制保险险种，又称法定保险，是指保险标的或者保险对象的范围直接由法律、法规规定，对于规定范围内的保险标的或者对象必须向保险人投保的保险。

● *相关案例索引*

保险公司江西分公司、刘某坤等合同纠纷案 [江西省吉安市中级人民法院（2022）赣08民终7号民事判决书]

《中华人民共和国保险法》第一百三十六条规定，保险公司使用的保险条款和保险费率违反法律、行政法规或者国务院保险监督管理机构的有关规定的，由保险监督管理机构责令停止使用，限期修改；

情节严重的，可以在一定期限内禁止申报新的保险条款和保险费率。由此可知，保险公司使用的保险条款不得违反监管部门的规定，各保险机构均应按照监管要求规范自身的经营行为。

相关规定

《财产保险公司保险条款和保险费率管理办法》

第一百三十七条 对保险公司偿付能力的监控

国务院保险监督管理机构应当建立健全保险公司偿付能力监管体系，对保险公司的偿付能力实施监控。

第一百三十八条 对偿付能力不足的保险公司采取的措施

对偿付能力不足的保险公司，国务院保险监督管理机构应当将其列为重点监管对象，并可以根据具体情况采取下列措施：

（一）责令增加资本金、办理再保险；

（二）限制业务范围；

（三）限制向股东分红；

（四）限制固定资产购置或者经营费用规模；

（五）限制资金运用的形式、比例；

（六）限制增设分支机构；

（七）责令拍卖不良资产、转让保险业务；

（八）限制董事、监事、高级管理人员的薪酬水平；

（九）限制商业性广告；

（十）责令停止接受新业务。

第一百三十九条 责令保险公司改正违法行为

保险公司未依照本法规定提取或者结转各项责任准备金，或者未依照本法规定办理再保险，或者严重违反本法关于资金运用的规定的，由保险监督管理机构责令限期改正，并可以责令调整负责人及有关管理人员。

第一百四十条 保险公司整顿

保险监督管理机构依照本法第一百三十九条的规定作出限期改正的决定后，保险公司逾期未改正的，国务院保险监督管理机构可以决定选派保险专业人员和指定该保险公司的有关人员组成整顿组，对公司进行整顿。

整顿决定应当载明被整顿公司的名称、整顿理由、整顿组成员和整顿期限，并予以公告。

第一百四十一条 整顿组职权

整顿组有权监督被整顿保险公司的日常业务。被整顿公司的负责人及有关管理人员应当在整顿组的监督下行使职权。

第一百四十二条 被整顿保险公司的业务运作

整顿过程中，被整顿保险公司的原有业务继续进行。但是，国务院保险监督管理机构可以责令被整顿公司停止部分原有业务、停止接受新业务，调整资金运用。

第一百四十三条　保险公司结束整顿

被整顿保险公司经整顿已纠正其违反本法规定的行为，恢复正常经营状况的，由整顿组提出报告，经国务院保险监督管理机构批准，结束整顿，并由国务院保险监督管理机构予以公告。

第一百四十四条　保险公司接管

保险公司有下列情形之一的，国务院保险监督管理机构可以对其实行接管：

（一）公司的偿付能力严重不足的；

（二）违反本法规定，损害社会公共利益，可能严重危及或者已经严重危及公司的偿付能力的。

被接管的保险公司的债权债务关系不因接管而变化。

条文注释

保险公司的接管，是指由保险监督管理机构指派接管组织直接介入保险公司的日常经营管理，并由接管组织负责保险公司的全部经营活动的监管活动。对保险公司实施接管是一种比较严厉的行政监管措施。

第一百四十五条　国务院保险监督管理机构决定并公告接管组的组成和接管的实施办法

接管组的组成和接管的实施办法，由国务院保险监督管理机构决定，并予以公告。

第一百四十六条 接管保险公司期限

接管期限届满，国务院保险监督管理机构可以决定延长接管期限，但接管期限最长不得超过二年。

第一百四十七条 终止接管

接管期限届满，被接管的保险公司已恢复正常经营能力的，由国务院保险监督管理机构决定终止接管，并予以公告。

第一百四十八条 被整顿、被接管的保险公司的重整及破产清算

被整顿、被接管的保险公司有《中华人民共和国企业破产法》第二条规定情形的，国务院保险监督管理机构可以依法向人民法院申请对该保险公司进行重整或者破产清算。

第一百四十九条 保险公司的撤销及清算

保险公司因违法经营被依法吊销经营保险业务许可证的，或者偿付能力低于国务院保险监督管理机构规定标准，不予撤销将严重危害保险市场秩序、损害公共利益的，由国务院保险监督管理机构予以撤销并公告，依法及时组织清算组进行清算。

第一百五十条 提供信息资料

国务院保险监督管理机构有权要求保险公司股东、实际控制人在指定的期限内提供有关信息和资料。

第一百五十一条 股东利用关联交易严重损害公司利益，危及公司偿付能力的处理措施

保险公司的股东利用关联交易严重损害公司利益，危及公司偿付能力的，由国务院保险监督管理机构责令改正。在按照要求改正前，国务院保险监督管理机构可以限制其股东权利；拒不改正的，可以责令其转让所持的保险公司股权。

第一百五十二条 保险公司业务活动和风险管理重大事项说明

保险监督管理机构根据履行监督管理职责的需要，可以与保险公司董事、监事和高级管理人员进行监督管理谈话，要求其就公司的业务活动和风险管理的重大事项作出说明。

第一百五十三条 保险公司被整顿、接管、撤销清算期间及出现重大风险时对董事、监事、高级管理人员和其他责任人员采取的措施

保险公司在整顿、接管、撤销清算期间，或者出现重大风险时，国务院保险监督管理机构可以对该公司直接负责的董事、监事、高级管理人员和其他直接责任人员采取以下措施：

（一）通知出境管理机关依法阻止其出境；

（二）申请司法机关禁止其转移、转让或者以其他方式处分财产，或者在财产上设定其他权利。

第一百五十四条 保险监督管理机构的履职措施及程序

保险监督管理机构依法履行职责，可以采取下列措施：

（一）对保险公司、保险代理人、保险经纪人、保险资产管理公司、外国保险机构的代表机构进行现场检查；

（二）进入涉嫌违法行为发生场所调查取证；

（三）询问当事人及与被调查事件有关的单位和个人，要求其对与被调查事件有关的事项作出说明；

（四）查阅、复制与被调查事件有关的财产权登记等资料；

（五）查阅、复制保险公司、保险代理人、保险经纪人、保险资产管理公司、外国保险机构的代表机构以及与被调查事件有关的单位和个人的财务会计资料及其他相关文件和资料；对可能被转移、隐匿或者毁损的文件和资料予以封存；

（六）查询涉嫌违法经营的保险公司、保险代理人、保险经纪人、保险资产管理公司、外国保险机构的代表机构以及与涉嫌违法事项有关的单位和个人的银行账户；

（七）对有证据证明已经或者可能转移、隐匿违法资金等涉案财产或者隐匿、伪造、毁损重要证据的，经保险监督管理机构主要负责人批准，申请人民法院予以冻结或者查封。

保险监督管理机构采取前款第（一）项、第（二）项、第（五）项措施的，应当经保险监督管理机构负责人批准；采取第（六）项措施的，应当经国务院保险监督管理机构负责人批准。

保险监督管理机构依法进行监督检查或者调查，其监督检查、调查的人员不得少于二人，并应当出示合法证件和监督检查、调查通知书；监督检查、调查的人员少于二人或者未出示合法证件和监督检查、调查通知书的，被检查、调查的单位和个人有权拒绝。

条文注释

现场检查包括常规检查、临时检查和稽核调查等。常规检查是纳入年度现场检查计划的检查。按检查范围可以分为风险管理及内控有效性等综合性检查，对某些业务领域或区域进行的专项检查，对被查机构以往现场检查中发现的重大问题整改落实情况进行的后续检查。临时检查是在年度现场检查计划之外，根据重大工作部署或临时工作任务开展的检查。稽核调查是适用简化现场检查流程对特定事项进行专门调查的活动。

检查过程中，检查人员有权查阅与检查事项有关的文件资料和信息系统、查看经营管理场所、采集数据信息、测试有关系统设备设施、访谈或询问相关人员，并可以根据需要，收集原件、原物，进行复制、记录、录音、录像、照相等。对可能被转移、隐匿或者毁损的文件、资料，可以按照有关法律法规进行封存。根据工作需要，可以采取线上检查、函询稽核等新型检查方法。线上检查是运用信息技术和网络技术分析筛查疑点业务和机构并实施的穿透式检查。函询稽核是对重大风险或问题通过下发质询函等方式检查核实的活动。

实用问答

问：如何进行现场检查？

答：银保监会及其派出机构组织实施现场检查可以采取以下方

式：（1）由立项单位组织实施；（2）由上级部门部署下级部门实施；（3）对专业性强的领域，可以要求银行业和保险业机构选聘符合条件的第三方机构进行检查，并将检查结果报告监管部门；（4）必要时可以按照相关程序，聘请资信良好、符合条件的会计师事务所等第三方机构参与检查工作，具体办法由银保监会另行制定；（5）采用符合法律法规及规章规定的其他方式实施。

第一百五十五条 配合检查、调查

保险监督管理机构依法履行职责，被检查、调查的单位和个人应当配合。

第一百五十六条 保险监督管理机构工作人员行为准则

保险监督管理机构工作人员应当忠于职守，依法办事，公正廉洁，不得利用职务便利牟取不正当利益，不得泄露所知悉的有关单位和个人的商业秘密。

第一百五十七条 金融监督管理机构监督管理信息共享机制

国务院保险监督管理机构应当与中国人民银行、国务院其他金融监督管理机构建立监督管理信息共享机制。

保险监督管理机构依法履行职责，进行监督检查、调查时，有关部门应当予以配合。

第七章　法律责任

第一百五十八条　擅自设立保险公司、保险资产管理公司或非法经营商业保险业务的法律责任

违反本法规定，擅自设立保险公司、保险资产管理公司或者非法经营商业保险业务的，由保险监督管理机构予以取缔，没收违法所得，并处违法所得一倍以上五倍以下的罚款；没有违法所得或者违法所得不足二十万元的，处二十万元以上一百万元以下的罚款。

第一百五十九条　擅自设立保险代理机构、保险经纪人或者未取得许可从事保险业务的法律责任

违反本法规定，擅自设立保险专业代理机构、保险经纪人，或者未取得经营保险代理业务许可证、保险经纪业务许可证从事保险代理业务、保险经纪业务的，由保险监督管理机构予以取缔，没收违法所得，并处违法所得一倍以上五倍以下的罚款；没有违法所得或者违法所得不足五万元的，处五万元以上三十万元以下的罚款。

第一百六十条　保险公司超出业务范围经营的法律责任

保险公司违反本法规定，超出批准的业务范围经营的，由保险监督管理机构责令限期改正，没收违法所得，并处违法所得一倍以上五倍以下的罚款；没有违法所得或者违法所得不足

十万元的，处十万元以上五十万元以下的罚款。逾期不改正或者造成严重后果的，责令停业整顿或者吊销业务许可证。

第一百六十一条 保险公司在保险业务活动中从事禁止性行为的法律责任

保险公司有本法第一百一十六条规定行为之一的，由保险监督管理机构责令改正，处五万元以上三十万元以下的罚款；情节严重的，限制其业务范围、责令停止接受新业务或者吊销业务许可证。

第一百六十二条 保险公司未经批准变更公司登记事项的法律责任

保险公司违反本法第八十四条规定的，由保险监督管理机构责令改正，处一万元以上十万元以下的罚款。

第一百六十三条 超额承保及为无民事行为能力人承保以死亡为给付保险金条件的保险的法律责任

保险公司违反本法规定，有下列行为之一的，由保险监督管理机构责令改正，处五万元以上三十万元以下的罚款：

（一）超额承保，情节严重的；

（二）为无民事行为能力人承保以死亡为给付保险金条件的保险的。

第一百六十四条 违反保险业务规则和保险组织机构管理规定的法律责任

违反本法规定，有下列行为之一的，由保险监督管理机构责令改正，处五万元以上三十万元以下的罚款；情节严重的，可以限制其业务范围、责令停止接受新业务或者吊销业务许可证：

（一）未按照规定提存保证金或者违反规定动用保证金的；

（二）未按照规定提取或者结转各项责任准备金的；

（三）未按照规定缴纳保险保障基金或者提取公积金的；

（四）未按照规定办理再保险的；

（五）未按照规定运用保险公司资金的；

（六）未经批准设立分支机构的；

（七）未按照规定申请批准保险条款、保险费率的。

第一百六十五条 保险代理机构、保险经纪人违反诚信原则办理保险业务的法律责任

保险代理机构、保险经纪人有本法第一百三十一条规定行为之一的，由保险监督管理机构责令改正，处五万元以上三十万元以下的罚款；情节严重的，吊销业务许可证。

典型案例

钟某、保险公司东莞支公司人身保险合同纠纷案［广东省东莞市中级人民法院（2022）粤 19 民终 6065 号民事判决书］

生效裁判认为，双方确认并未发生保险赔付事项，现钟某以重大误解主张撤销与保险公司东莞支公司的案涉人身保险合同。对此，本

院认为，案涉平安福（2018）终身寿险的合同条款详细列明了保险责任、保险赔付、退还全额保费、投保人解除合同的条件等内容，结合保险公司东莞支公司于2018年7月4日对钟某的电话回访，保险公司东莞支公司明确告知钟某案涉人身保险的缴费数额、缴费年限、保障期间，以及享有20日的犹豫期，亦询问了钟某是否有对保险条款和投保提示书进行了阅读，是否了解保险的责任，钟某均作了肯定的回复。由此可知，保险公司东莞支公司并未隐瞒保险条款的重要事实或提供虚假情况。钟某作为一名完全民事行为能力人，理应充分了解投保资料所列事项以及自身行为所产生的法律后果。且根据钟某提交的《银行保险违法行为举报调查意见书》显示，对于钟某反映的“销售人员未在销售时提供格式条款”“销售人员引导投保人按设定好的答案回复回访问题”的事项，均未有充分证据予以证实，故现有证据不足以证明保险公司东莞支公司在投保时作出了足以令钟某作出错误意思表示的行为。依照《中华人民共和国保险法》第一百三十一条、第一百六十五条的规定，对于保险代理人的违规行为，应由保险监督管理机构责令改正，即保险代理人的案涉违规行为，并不属于投保人可以撤销保险合同的法定情形，故钟某主张撤销案涉人身保险合同及退还保费，于法无据。

第一百六十六条 不按规定缴存保证金或者投保职业责任保险、设立收支账簿的法律责任

保险代理机构、保险经纪人违反本法规定，有下列行为之一的，由保险监督管理机构责令改正，处二万元以上十万元以下的罚款；情节严重的，责令停业整顿或者吊销业务许可证：

（一）未按照规定缴存保证金或者投保职业责任保险的；

（二）未按照规定设立专门账簿记载业务收支情况的。

第一百六十七条 违法聘任不具有任职资格的人员的法律责任

违反本法规定，聘任不具有任职资格的人员的，由保险监督管理机构责令改正，处二万元以上十万元以下的罚款。

第一百六十八条 违法转让、出租、出借业务许可证的法律责任

违反本法规定，转让、出租、出借业务许可证的，由保险监督管理机构处一万元以上十万元以下的罚款；情节严重的，责令停业整顿或者吊销业务许可证。

第一百六十九条 不按规定披露保险业务相关信息的法律责任

违反本法规定，有下列行为之一的，由保险监督管理机构责令限期改正；逾期不改正的，处一万元以上十万元以下的罚款：

（一）未按照规定报送或者保管报告、报表、文件、资料的，或者未按照规定提供有关信息、资料的；

（二）未按照规定报送保险条款、保险费率备案的；

（三）未按照规定披露信息的。

第一百七十条 提供保险业务相关信息不实、拒绝或者妨碍监督检查、不按规定使用保险条款、保险费率的法律责任

违反本法规定，有下列行为之一的，由保险监督管理机构责令改正，处十万元以上五十万元以下的罚款；情节严重的，可以限制其业务范围、责令停止接受新业务或者吊销业务许可证：

（一）编制或者提供虚假的报告、报表、文件、资料的；

（二）拒绝或者妨碍依法监督检查的；

（三）未按照规定使用经批准或者备案的保险条款、保险费率的。

第一百七十一条 董事、监事、高级管理人员的法律责任

保险公司、保险资产管理公司、保险专业代理机构、保险经纪人违反本法规定的，保险监督管理机构除分别依照本法第一百六十条至第一百七十条的规定对该单位给予处罚外，对其直接负责的主管人员和其他直接责任人员给予警告，并处一万元以上十万元以下的罚款；情节严重的，撤销任职资格。

第一百七十二条 个人保险代理人的法律责任

个人保险代理人违反本法规定的，由保险监督管理机构给予警告，可以并处二万元以下的罚款；情节严重的，处二万元以上十万元以下的罚款。

第一百七十三条 外国保险机构违法从事保险活动的法律责任

外国保险机构未经国务院保险监督管理机构批准，擅自在中华人民共和国境内设立代表机构的，由国务院保险监督管理机构予以取缔，处五万元以上三十万元以下的罚款。

外国保险机构在中华人民共和国境内设立的代表机构从事保险经营活动的，由保险监督管理机构责令改正，没收违法所得，并处违法所得一倍以上五倍以下的罚款；没有违法所得或者违

法所得不足二十万元的，处二十万元以上一百万元以下的罚款；对其首席代表可以责令撤换；情节严重的，撤销其代表机构。

第一百七十四条 投保人、被保险人或受益人进行保险诈骗活动的法律责任

投保人、被保险人或者受益人有下列行为之一，进行保险诈骗活动，尚不构成犯罪的，依法给予行政处罚：

（一）投保人故意虚构保险标的，骗取保险金的；

（二）编造未曾发生的保险事故，或者编造虚假的事故原因或者夸大损失程度，骗取保险金的；

（三）故意造成保险事故，骗取保险金的。

保险事故的鉴定人、评估人、证明人故意提供虚假的证明文件，为投保人、被保险人或者受益人进行保险诈骗提供条件的，依照前款规定给予处罚。

第一百七十五条 侵权民事责任的规定

违反本法规定，给他人造成损害的，依法承担民事责任。

条文注释

法律不可能将所有的违法行为一一列举出来，因此，本条只是原则规定，违反本法，“给他人造成损害的，依法承担民事责任”。这样规定有三个好处：一是可以避免法律条文过于烦琐；二是可以防止挂一漏万；三是可以给受到损害的当事人提供全面保护。

第一百七十六条 拒绝、阻碍监督检查、调查的行政责任

拒绝、阻碍保险监督管理机构及其工作人员依法行使监督检查、调查职权，未使用暴力、威胁方法的，依法给予治安管理处罚。

第一百七十七条 禁止从业的规定

违反法律、行政法规的规定，情节严重的，国务院保险监督管理机构可以禁止有关责任人员一定期限直至终身进入保险业。

第一百七十八条 保险监督人员的法律责任

保险监督管理机构从事监督管理工作的人员有下列情形之一的，依法给予处分：

（一）违反规定批准机构的设立的；

（二）违反规定进行保险条款、保险费率审批的；

（三）违反规定进行现场检查的；

（四）违反规定查询账户或者冻结资金的；

（五）泄露其知悉的有关单位和个人的商业秘密的；

（六）违反规定实施行政处罚的；

（七）滥用职权、玩忽职守的其他行为。

第一百七十九条 刑事责任的规定

违反本法规定，构成犯罪的，依法追究刑事责任。

典型案例

唐某等人销售虚假保险理财产品诈骗案（防范金融投资诈骗典型案例[①]之四）

2020年12月至2021年1月，唐某等人通过非法手段获取保险公司客户信息，专门以缺少金融领域知识、防范意识较低的老年人为目标，在杭州市拱墅区、萧山区等地假冒某保险公司、银行银保中心客服人员的身份，编造代为销售保险理财产品的事实，印制发放虚假保险理财产品宣传册，通过电话营销、线下推销等形式，以高额利息附带赠送米油等小礼品为诱饵，诱骗被害人购买虚假的基金、理财产品。同时，唐某等人利用某保险公司并购消息，编造保险公司并购需要重新办理手续等理由，诱使被害人将正规保险账户中的资金转移至该诈骗团伙指定账户。后唐某等人将账户内资金通过转账、取现等方式转移占有。唐某团伙骗取20余名被害人共计270余万元。

公安机关立案侦查后，以涉嫌诈骗罪对唐某等人提请批准逮捕。浙江省杭州市拱墅区人民检察院在审查逮捕期间，积极开展引导侦查工作，通过分析手机数据，结合被害人被骗资金流向，排查绘制出该犯罪团伙的其他作案窝点，在前期已侦查查明涉1个窝点造成5名被害人70余万元损失犯罪事实的基础上，补充查明了唐某等人共涉3个窝点造成20余名被害人270余万元损失的犯罪事实，并发现业务主管刘某碧等人涉嫌犯罪，监督公安机关立案并移送起诉。2021年6月12日，浙江省杭州市公安局拱墅区分局以唐某等7人涉嫌诈骗罪移送起诉。2021年9月3日，浙江省杭州市拱墅区人民检察院以诈骗罪对唐某等7人提起公诉。

---

① 《防范金融投资诈骗典型案例》，载最高人民检察院网站，https：//www.spp.gov.cn/spp/xwfbh/wsfbt/202310/t20231024_631622.shtml#2，2023年11月5日访问。

2022 年 7 月 29 日，浙江省杭州市拱墅区人民法院以诈骗罪判处被告人唐某有期徒刑十一年六个月，并处罚金人民币 10 万元；其余 6 名被告人被判处有期徒刑五年六个月至有期徒刑九个月不等，并处罚金。一审宣判后，部分被告人上诉，2022 年 9 月 29 日，浙江省杭州市中级人民法院裁定驳回上诉，维持原判。

第八章　附　　则

第一百八十条　保险行业协会的规定

保险公司应当加入保险行业协会。保险代理人、保险经纪人、保险公估机构可以加入保险行业协会。

保险行业协会是保险业的自律性组织，是社会团体法人。

第一百八十一条　其他保险组织的商业保险业务适用本法

保险公司以外的其他依法设立的保险组织经营的商业保险业务，适用本法。

第一百八十二条　海上保险的法律适用

海上保险适用《中华人民共和国海商法》的有关规定；《中华人民共和国海商法》未规定的，适用本法的有关规定。

条文注释

海上保险，是指保险人依照保险合同约定，对海上保险事故造成的保险标的损失及产生的责任负赔偿责任的保险。

第一百八十三条　合资保险公司、外资公司法律适用规定

中外合资保险公司、外资独资保险公司、外国保险公司分公司适用本法规定；法律、行政法规另有规定的，适用其规定。

第一百八十四条　农业保险和强制保险的规定

国家支持发展为农业生产服务的保险事业。农业保险由法律、行政法规另行规定。

强制保险，法律、行政法规另有规定的，适用其规定。

● *相关规定*

《农业保险条例》；《机动车交通事故责任强制保险条例》

第一百八十五条　施行日期

本法自 2009 年 10 月 1 日起施行。

附　录

最高人民法院关于适用《中华人民共和国保险法》若干问题的解释（一）

（2009年9月14日最高人民法院审判委员会第1473次会议通过　2009年9月21日最高人民法院公告公布　自2009年10月1日起施行　法释〔2009〕12号）

为正确审理保险合同纠纷案件，切实维护当事人的合法权益，现就人民法院适用2009年2月28日第十一届全国人大常委会第七次会议修订的《中华人民共和国保险法》（以下简称保险法）的有关问题规定如下：

第一条　【新旧法适用的原则】保险法施行后成立的保险合同发生的纠纷，适用保险法的规定。保险法施行前成立的保险合同发生的纠纷，除本解释另有规定外，适用当时的法律规定；当时的法律没有规定的，参照适用保险法的有关规定。

认定保险合同是否成立，适用合同订立时的法律。

第二条　【认定合同效力的法律适用原则】对于保险法施行前成立的保险合同，适用当时的法律认定无效而适用保险法认定有效的，适用保险法的规定。

第三条　【现行保险法的适用规则一】保险合同成立于保险法施行前而保险标的转让、保险事故、理赔、代位求偿等行为或事件，发生于保险法施行后的，适用保险法的规定。

第四条　【现行保险法的适用规则二】保险合同成立于保险法施行前，保险法施行后，保险人以投保人未履行如实告知义务或者申报被保险人年龄不真实为由，主张解除合同的，适用保险法的规定。

第五条　【期间起算的特别规定】保险法施行前成立的保险合同，下列情形下的期间自2009年10月1日起计算：

（一）保险法施行前，保险人收到赔偿或者给付保险金的请求，保险法施行后，适用保险法第二十三条规定的三十日的；

（二）保险法施行前，保险人知道解除事由，保险法施行后，按照保险法第十六条、第三十二条的规定行使解除权，适用保险法第十六条规定的三十日的；

（三）保险法施行后，保险人按照保险法第十六条第二款的规定请求解除合同，适用保险法第十六条规定的二年的；

（四）保险法施行前，保险人收到保险标的转让通知，保险法施行后，以保险标的转让导致危险程度显著增加为由请求按照合同约定增加保险费或者解除合同，适用保险法第四十九条规定的三十日的。

第六条　【排除适用的情形】保险法施行前已经终审的案件，当事人申请再审或者按照审判监督程序提起再审的案件，不适用保险法的规定。

最高人民法院关于适用《中华人民共和国保险法》若干问题的解释（二）

（2013年5月6日最高人民法院审判委员会第1577次会议通过　根据2020年12月23日最高人民法院审判委员会第1823次会议通过的《最高人民法院关于修改〈最高人民法院关于破产企业国有划拨土地使用权应否列入破产财产等问题的批复〉等二十九件商事类司法解释的决定》修正　2020年12月29日最高人民法院公告公布　自2021年1月1日起施行　法释〔2020〕18号）

为正确审理保险合同纠纷案件，切实维护当事人的合法权益，根据《中华人民共和国民法典》《中华人民共和国保险法》《中华人民共和国民事诉讼法》等法律规定，结合审判实践，就保险法中关于保险合同一般规定部分有关法律适用问题解释如下：

第一条　【被保险人在其保险利益范围内主张赔偿】财产保险中，不同投保人就同一保险标的分别投保，保险事故发生后，被保险人在其保险利益范围内依据保险合同主张保险赔偿的，人民法院应予支持。

第二条　【无保险利益导致人身保险合同无效可退还部分保险费】人身保险中，因投保人对被保险人不具有保险利益导致保险合同无效，投保人主张保险人退还扣减相应手续费后的保险费的，人民法院应予支持。

第三条　【代签名和代填保险单证的处理】投保人或者投保人的代理人订立保险合同时没有亲自签字或者盖章，而由保险人或者保险人的代理人代为签字或者盖章的，对投保人不生效。但投保人已经交纳保险费的，视为其对代签字或者盖章行为的追认。

保险人或者保险人的代理人代为填写保险单证后经投保人签字或者盖章确认的，代为填写的内容视为投保人的真实意思表示。但有证据证明保险人或者保险人的代理人存在保险法第一百一十六条、第一百三十一条相关规定情形的除外。

第四条　【收取保费后作出承保意思表示前发生保险事故的处理】保险人接受了投保人提交的投保单并收取了保险费，尚未作出是否承保的意思表示，发生保险事故，被保险人或者受益人请求保险人按照保险合同承担赔偿或者给付保险金责任，符合承保条件的，人民法院应予支持；不符合承保条件的，保险人不承担保险责任，但应当退还已经收取的保险费。

保险人主张不符合承保条件的，应承担举证责任。

第五条　【"应当如实告知"的内容】保险合同订立时，投保人明知的与保险标的或者被保险人有关的情况，属于保险法第十六条第一款规定的投保人"应当如实告知"的内容。

第六条　【投保人告知义务的履行】投保人的告知义务限于保险人询问的范围和内容。当事人对询问范围及内容有争议的，保险人负举证责任。

保险人以投保人违反了对投保单询问表中所列概括性条款的如实告知义务为由请求解除合同的，人民法院不予支持。但该概括性条款有具体内容的除外。

第七条　【弃权规则】保险人在保险合同成立后知道或者应当知道投保人未履行如实告知义务，仍然收取保险费，又依照保险法第十六条第二款的规定主张解除合同的，人民法院不予支持。

第八条　【解除保险合同与拒绝赔偿的关系】保险人未行使合同解除权，直接以存在保险法第十六条第四款、第五款规定的情形为由拒绝赔偿的，人民法院不予支持。但当事人就拒绝赔偿事宜及保险合同存续另行达成一致的情况除外。

第九条　【免除保险人责任的条款的认定】保险人提供的格式合同文本中的责任免除条款、免赔额、免赔率、比例赔付或者给付等免除或者减轻保险人责任的条款，可以认定为保险法第十七条第二款规定的“免除保险人责任的条款”。

保险人因投保人、被保险人违反法定或者约定义务，享有解除合同权利的条款，不属于保险法第十七条第二款规定的“免除保险人责任的条款”。

第十条　【禁止性规定作为免责事由的适用】保险人将法律、行政法规中的禁止性规定情形作为保险合同免责条款的免责事由，保险人对该条款作出提示后，投保人、被保险人或者受益人以保险人未履行明确说明义务为由主张该条款不成为合同内容的，人民法院不予支持。

第十一条　【提示与明确说明义务】保险合同订立时，保险人在投保单或者保险单等其他保险凭证上，对保险合同中免除保险人责任的条款，以足以引起投保人注意的文字、字体、符号或者其他明显标志作出提示的，人民法院应当认定其履行了保险法第十七条第二款规定的提示义务。

保险人对保险合同中有关免除保险人责任条款的概念、内容及其法律后果以书面或者口头形式向投保人作出常人能够理解的解释说明的，人民法院应当认定保险人履行了保险法第十七条第二款规定的明确说明义务。

第十二条　【提示与明确说明义务的形式】通过网络、电话等方式订立的保险合同，保险人以网页、音频、视频等形式对免除保险人责任条款予以提示和明确说明的，人民法院可以认定其履行了提示和明确说明义务。

第十三条　【明确说明义务的履行】保险人对其履行了明确说明义务负举证责任。

投保人对保险人履行了符合本解释第十一条第二款要求的明确说明义务在相关文书上签字、盖章或者以其他形式予以确认的，应当认定保险人履行了该项义务。但另有证据证明保险人未履行明确说明义务的除外。

第十四条　【保险合同记载内容不一致的处理】保险合同中记载的内容不一致的，按照下列规则认定：

（一）投保单与保险单或者其他保险凭证不一致的，以投保单为准。但不一致的情形系经保险人说明并经投保人同意的，以投保人签收的保险单或者其他保险凭证载明的内容为准；

（二）非格式条款与格式条款不一致的，以非格式条款为准；

（三）保险凭证记载的时间不同的，以形成时间在后的为准；

（四）保险凭证存在手写和打印两种方式的，以双方签字、盖章的手写部分的内容为准。

第十五条　【核定期间的起算与确定】保险法第二十三条规定的

三十日核定期间，应自保险人初次收到索赔请求及投保人、被保险人或者受益人提供的有关证明和资料之日起算。

保险人主张扣除投保人、被保险人或者受益人补充提供有关证明和资料期间的，人民法院应予支持。扣除期间自保险人根据保险法第二十二条规定作出的通知到达投保人、被保险人或者受益人之日起，至投保人、被保险人或者受益人按照通知要求补充提供的有关证明和资料到达保险人之日止。

第十六条　【代位求偿权的行使与诉讼时效期间的起算】保险人应以自己的名义行使保险代位求偿权。

根据保险法第六十条第一款的规定，保险人代位求偿权的诉讼时效期间应自其取得代位求偿权之日起算。

第十七条　【非保险术语的解释】保险人在其提供的保险合同格式条款中对非保险术语所作的解释符合专业意义，或者虽不符合专业意义，但有利于投保人、被保险人或者受益人的，人民法院应予认可。

第十八条　【事故认定书的证明力】行政管理部门依据法律规定制作的交通事故认定书、火灾事故认定书等，人民法院应当依法审查并确认其相应的证明力，但有相反证据能够推翻的除外。

第十九条　【被保险人、受益人对第三人、保险人请求权的行使】保险事故发生后，被保险人或者受益人起诉保险人，保险人以被保险人或者受益人未要求第三者承担责任为由抗辩不承担保险责任的，人民法院不予支持。

财产保险事故发生后，被保险人就其所受损失从第三者取得赔偿后的不足部分提起诉讼，请求保险人赔偿的，人民法院应予依法受理。

第二十条　【保险分支机构】保险公司依法设立并取得营业执照的分支机构属于《中华人民共和国民事诉讼法》第四十八条规定的其他组织，可以作为保险合同纠纷案件的当事人参加诉讼。

第二十一条　【新旧法适用】本解释施行后尚未终审的保险合同纠纷案件，适用本解释；本解释施行前已经终审，当事人申请再审或者按照审判监督程序决定再审的案件，不适用本解释。

最高人民法院关于适用《中华人民共和国保险法》若干问题的解释（三）

（2015 年 9 月 21 日最高人民法院审判委员会第 1661 次会议通过　根据 2020 年 12 月 23 日最高人民法院审判委员会第 1823 次会议通过的《最高人民法院关于修改〈最高人民法院关于破产企业国有划拨土地使用权应否列入破产财产等问题的批复〉等二十九件商事类司法解释的决定》修正　2020 年 12 月 29 日最高人民法院公告公布　自 2021 年 1 月 1 日起施行　法释〔2020〕18 号）

为正确审理保险合同纠纷案件，切实维护当事人的合法权益，根据《中华人民共和国民法典》《中华人民共和国保险法》《中华人民共和国民事诉讼法》等法律规定，结合审判实践，就保险法中关于保险合同章人身保险部分有关法律适用问题解释如下：

第一条　【“被保险人同意并认可保险金额”的形式与认定】当

事人订立以死亡为给付保险金条件的合同，根据保险法第三十四条的规定，“被保险人同意并认可保险金额”可以采取书面形式、口头形式或者其他形式；可以在合同订立时作出，也可以在合同订立后追认。

有下列情形之一的，应认定为被保险人同意投保人为其订立保险合同并认可保险金额：

（一）被保险人明知他人代其签名同意而未表示异议的；

（二）被保险人同意投保人指定的受益人的；

（三）有证据足以认定被保险人同意投保人为其投保的其他情形。

第二条　【被保险人可撤销同意他人为其订立死亡险的意思表示】被保险人以书面形式通知保险人和投保人撤销其依据保险法第三十四条第一款规定所作出的同意意思表示的，可认定为保险合同解除。

第三条　【人身保险合同纠纷中法院主动审查事项】人民法院审理人身保险合同纠纷案件时，应主动审查投保人订立保险合同时是否具有保险利益，以及以死亡为给付保险金条件的合同是否经过被保险人同意并认可保险金额。

第四条　【合同不因投保人丧失保险利益而无效】保险合同订立后，因投保人丧失对被保险人的保险利益，当事人主张保险合同无效的，人民法院不予支持。

第五条　【如实告知义务】保险合同订立时，被保险人根据保险人的要求在指定医疗服务机构进行体检，当事人主张投保人如实告知义务免除的，人民法院不予支持。

保险人知道被保险人的体检结果，仍以投保人未就相关情况履行如实告知义务为由要求解除合同的，人民法院不予支持。

第六条　【以未成年人为被保险人订立死亡险的合同效力】未成年人父母之外的其他履行监护职责的人为未成年人订立以死亡为给付保险金条件的合同，当事人主张参照保险法第三十三条第二款、第三十四条第三款的规定认定该合同有效的，人民法院不予支持，但经未成年人父母同意的除外。

第七条　【第三人代交保险费】当事人以被保险人、受益人或者他人已经代为支付保险费为由，主张投保人对应的交费义务已经履行的，人民法院应予支持。

第八条　【保险合同复效制度】保险合同效力依照保险法第三十六条规定中止，投保人提出恢复效力申请并同意补交保险费的，除被保险人的危险程度在中止期间显著增加外，保险人拒绝恢复效力的，人民法院不予支持。

保险人在收到恢复效力申请后，三十日内未明确拒绝的，应认定为同意恢复效力。

保险合同自投保人补交保险费之日恢复效力。保险人要求投保人补交相应利息的，人民法院应予支持。

第九条　【受益人的指定】投保人指定受益人未经被保险人同意的，人民法院应认定指定行为无效。

当事人对保险合同约定的受益人存在争议，除投保人、被保险人在保险合同之外另有约定外，按以下情形分别处理：

（一）受益人约定为“法定”或者“法定继承人”的，以民法典规定的法定继承人为受益人；

（二）受益人仅约定为身份关系的，投保人与被保险人为同一主体时，根据保险事故发生时与被保险人的身份关系确定受益人；投保人与被保险人为不同主体时，根据保险合同成立时与被保险人的身份关系确定受益人；

（三）约定的受益人包括姓名和身份关系，保险事故发生时身份关系发生变化的，认定为未指定受益人。

第十条　【受益人的变更】投保人或者被保险人变更受益人，当事人主张变更行为自变更意思表示发出时生效的，人民法院应予支持。

投保人或者被保险人变更受益人未通知保险人，保险人主张变更对其不发生效力的，人民法院应予支持。

投保人变更受益人未经被保险人同意的，人民法院应认定变更行为无效。

第十一条　【保险事故发生后变更受益人的限制】投保人或者被保险人在保险事故发生后变更受益人，变更后的受益人请求保险人给付保险金的，人民法院不予支持。

第十二条　【共同受益人的受益权分配】投保人或者被保险人指定数人为受益人，部分受益人在保险事故发生前死亡、放弃受益权或者依法丧失受益权的，该受益人应得的受益份额按照保险合同的约定处理；保险合同没有约定或者约定不明的，该受益人应得的受益份额按照以下情形分别处理：

（一）未约定受益顺序和受益份额的，由其他受益人平均享有；

（二）未约定受益顺序但约定受益份额的，由其他受益人按照相应比例享有；

（三）约定受益顺序但未约定受益份额的，由同顺序的其他受益人平均享有；同一顺序没有其他受益人的，由后一顺序的受益人平均享有；

（四）约定受益顺序和受益份额的，由同顺序的其他受益人按照相应比例享有；同一顺序没有其他受益人的，由后一顺序的受益人按照相应比例享有。

第十三条　【保险金请求权的转让】保险事故发生后，受益人将与本次保险事故相对应的全部或者部分保险金请求权转让给第三人，当事人主张该转让行为有效的，人民法院应予支持，但根据合同性质、当事人约定或者法律规定不得转让的除外。

第十四条　【保险金作为遗产的给付】保险金根据保险法第四十二条规定作为被保险人的遗产，被保险人的继承人要求保险人给付保险金，保险人以其已向持有保险单的被保险人的其他继承人给付保险金为由抗辩的，人民法院应予支持。

第十五条　【受益人与被保险人死亡先后顺序的推定】受益人与被保险人存在继承关系，在同一事件中死亡且不能确定死亡先后顺序的，人民法院应根据保险法第四十二条第二款的规定推定受益人死亡在先，并按照保险法及本解释的相关规定确定保险金归属。

第十六条　【保险现金价值的归属】保险合同解除时，投保人与被保险人、受益人为不同主体，被保险人或者受益人要求退还保险单的现金价值的，人民法院不予支持，但保险合同另有约定的除外。

投保人故意造成被保险人死亡、伤残或者疾病，保险人依照保险法第四十三条规定退还保险单的现金价值的，其他权利人按照被保险人、被保险人继承人的顺序确定。

第十七条　【投保人的任意解除权】投保人解除保险合同，当事人以其解除合同未经被保险人或者受益人同意为由主张解除行为无效的，人民法院不予支持，但被保险人或者受益人已向投保人支付相当于保险单现金价值的款项并通知保险人的除外。

第十八条　【医疗费用保险】保险人给付费用补偿型的医疗费用保险金时，主张扣减被保险人从公费医疗或者社会医疗保险取得的赔偿金额的，应当证明该保险产品在厘定医疗费用保险费率时已经将公费医疗或者社会医疗保险部分相应扣除，并按照扣减后的标准收取保险费。

第十九条　【医保标准条款的效力】保险合同约定按照基本医疗保险的标准核定医疗费用，保险人以被保险人的医疗支出超出基本医疗保险范围为由拒绝给付保险金的，人民法院不予支持；保险人有证据证明被保险人支出的费用超过基本医疗保险同类医疗费用标准，要求对超出部分拒绝给付保险金的，人民法院应予支持。

第二十条　【约定医院条款的效力】保险人以被保险人未在保险合同约定的医疗服务机构接受治疗为由拒绝给付保险金的，人民法院应予支持，但被保险人因情况紧急必须立即就医的除外。

第二十一条　【保险人以被保险人自杀为由拒付保险金时的举证责任】保险人以被保险人自杀为由拒绝给付保险金的，由保险人承担举证责任。

受益人或者被保险人的继承人以被保险人自杀时无民事行为能力为由抗辩的，由其承担举证责任。

第二十二条　【被保险人故意犯罪的认定】保险法第四十五条规定的“被保险人故意犯罪”的认定，应当以刑事侦查机关、检察机关和审判机关的生效法律文书或者其他结论性意见为依据。

第二十三条　【保险人以被保险人故意犯罪为由拒付保险金时的

举证责任】保险人主张根据保险法第四十五条的规定不承担给付保险金责任的，应当证明被保险人的死亡、伤残结果与其实施的故意犯罪或者抗拒依法采取的刑事强制措施的行为之间存在因果关系。

被保险人在羁押、服刑期间因意外或者疾病造成伤残或者死亡，保险人主张根据保险法第四十五条的规定不承担给付保险金责任的，人民法院不予支持。

第二十四条　【宣告死亡适用死亡保险】投保人为被保险人订立以死亡为给付保险金条件的保险合同，被保险人被宣告死亡后，当事人要求保险人按照保险合同约定给付保险金的，人民法院应予支持。

被保险人被宣告死亡之日在保险责任期间之外，但有证据证明下落不明之日在保险责任期间之内，当事人要求保险人按照保险合同约定给付保险金的，人民法院应予支持。

第二十五条　【损失无法确定时保险金的给付】被保险人的损失系由承保事故或者非承保事故、免责事由造成难以确定，当事人请求保险人给付保险金的，人民法院可以按照相应比例予以支持。

第二十六条　【生效日期及新旧法适用】本解释自 2015 年 12 月 1 日起施行。本解释施行后尚未终审的保险合同纠纷案件，适用本解释；本解释施行前已经终审，当事人申请再审或者按照审判监督程序决定再审的案件，不适用本解释。

最高人民法院关于适用《中华人民共和国保险法》若干问题的解释（四）

（2018年5月14日最高人民法院审判委员会第1738次会议通过　根据2020年12月23日最高人民法院审判委员会第1823次会议通过的《最高人民法院关于修改〈最高人民法院关于破产企业国有划拨土地使用权应否列入破产财产等问题的批复〉等二十九件商事类司法解释的决定》修正　2020年12月29日最高人民法院公告公布　自2021年1月1日起施行　法释〔2020〕18号）

为正确审理保险合同纠纷案件，切实维护当事人的合法权益，根据《中华人民共和国民法典》《中华人民共和国保险法》《中华人民共和国民事诉讼法》等法律规定，结合审判实践，就保险法中财产保险合同部分有关法律适用问题解释如下：

第一条　【保险标的已交付未登记时的权利行使】保险标的已交付受让人，但尚未依法办理所有权变更登记，承担保险标的毁损灭失风险的受让人，依照保险法第四十八条、第四十九条的规定主张行使被保险人权利的，人民法院应予支持。

第二条　【保险标的转让时免责条款的适用】保险人已向投保人履行了保险法规定的提示和明确说明义务，保险标的受让人以保险标的转让后保险人未向其提示或者明确说明为由，主张免除保险人责任的条款不成为合同内容的，人民法院不予支持。

第三条　【被保险人死亡时其权利义务的承继】被保险人死亡，继承保险标的的当事人主张承继被保险人的权利和义务的，人民法院应予支持。

第四条　【危险程度显著增加的认定】人民法院认定保险标的是否构成保险法第四十九条、第五十二条规定的“危险程度显著增加”时，应当综合考虑以下因素：

（一）保险标的用途的改变；

（二）保险标的使用范围的改变；

（三）保险标的所处环境的变化；

（四）保险标的因改装等原因引起的变化；

（五）保险标的使用人或者管理人的改变；

（六）危险程度增加持续的时间；

（七）其他可能导致危险程度显著增加的因素。

保险标的危险程度虽然增加，但增加的危险属于保险合同订立时保险人预见或者应当预见的保险合同承保范围的，不构成危险程度显著增加。

第五条　【保险标的转让空档期的保险责任承担】被保险人、受让人依法及时向保险人发出保险标的转让通知后，保险人作出答复前，发生保险事故，被保险人或者受让人主张保险人按照保险合同承担赔偿保险金的责任的，人民法院应予支持。

第六条　【防止或减少损失费用的给付】保险事故发生后，被保险人依照保险法第五十七条的规定，请求保险人承担为防止或者减少保险标的的损失所支付的必要、合理费用，保险人以被保险人采取的措施未产生实际效果为由抗辩的，人民法院不予支持。

第七条　【代位求偿权的行使基础】保险人依照保险法第六十条的规定，主张代位行使被保险人因第三者侵权或者违约等享有的请求赔偿的权利的，人民法院应予支持。

第八条　【保险人对投保人行使求偿权情形】投保人和被保险人为不同主体，因投保人对保险标的的损害而造成保险事故，保险人依法主张代位行使被保险人对投保人请求赔偿的权利的，人民法院应予支持，但法律另有规定或者保险合同另有约定的除外。

第九条　【被保险人预先放弃赔偿权利的情形】在保险人以第三者为被告提起的代位求偿权之诉中，第三者以被保险人在保险合同订立前已放弃对其请求赔偿的权利为由进行抗辩，人民法院认定上述放弃行为合法有效，保险人就相应部分主张行使代位求偿权的，人民法院不予支持。

保险合同订立时，保险人就是否存在上述放弃情形提出询问，投保人未如实告知，导致保险人不能代位行使请求赔偿的权利，保险人请求返还相应保险金的，人民法院应予支持，但保险人知道或者应当知道上述情形仍同意承保的除外。

第十条　【重复赔偿时保险人权利的救济】因第三者对保险标的的损害而造成保险事故，保险人获得代位请求赔偿的权利的情况未通知第三者或者通知到达第三者前，第三者在被保险人已经从保险人处获赔的范围内又向被保险人作出赔偿，保险人主张代位行使被保险人对第三者请求赔偿的权利的，人民法院不予支持。保险人就相应保险金主张被保险人返还的，人民法院应予支持。

保险人获得代位请求赔偿的权利的情况已经通知到第三者，第三者又向被保险人作出赔偿，保险人主张代位行使请求赔偿的权利，第三者以其已经向被保险人赔偿为由抗辩的，人民法院不予支持。

第十一条　【保险人无法行使代位求偿权时权利的救济】被保险人因故意或者重大过失未履行保险法第六十三条规定的义务，致使保险人未能行使或者未能全部行使代位请求赔偿的权利，保险人主张在其损失范围内扣减或者返还相应保险金的，人民法院应予支持。

第十二条　【以第三者为被告的代位求偿权之诉的管辖】保险人以造成保险事故的第三者为被告提起代位求偿权之诉的，以被保险人与第三者之间的法律关系确定管辖法院。

第十三条　【代位求偿权的诉讼程序规定】保险人提起代位求偿权之诉时，被保险人已经向第三者提起诉讼的，人民法院可以依法合并审理。

保险人行使代位求偿权时，被保险人已经向第三者提起诉讼，保险人向受理该案的人民法院申请变更当事人，代位行使被保险人对第三者请求赔偿的权利，被保险人同意的，人民法院应予准许；被保险人不同意的，保险人可以作为共同原告参加诉讼。

第十四条　【被保险人请求保险人直接向第三者赔偿保险金的情形】具有下列情形之一的，被保险人可以依照保险法第六十五条第二款的规定请求保险人直接向第三者赔偿保险金：

（一）被保险人对第三者所负的赔偿责任经人民法院生效裁判、仲裁裁决确认；

（二）被保险人对第三者所负的赔偿责任经被保险人与第三者协商一致；

（三）被保险人对第三者应负的赔偿责任能够确定的其他情形。

前款规定的情形下，保险人主张按照保险合同确定保险赔偿责任的，人民法院应予支持。

第十五条　【被保险人怠于请求的认定】被保险人对第三者应负的赔偿责任确定后，被保险人不履行赔偿责任，且第三者以保险人为被告或者以保险人与被保险人为共同被告提起诉讼时，被保险人尚未向保险人提出直接向第三者赔偿保险金的请求的，可以认定为属于保险法第六十五条第二款规定的“被保险人怠于请求”的情形。

第十六条　【责任保险的被保险人因共同侵权承担连带责任的情形】责任保险的被保险人因共同侵权依法承担连带责任，保险人以该连带责任超出被保险人应承担的责任份额为由，拒绝赔付保险金的，人民法院不予支持。保险人承担保险责任后，主张就超出被保险人责任份额的部分向其他连带责任人追偿的，人民法院应予支持。

第十七条　【被保险人对第三者的赔偿责任已经确认并进入执行后保险人的保险责任】责任保险的被保险人对第三者所负的赔偿责任已经生效判决确认并已进入执行程序，但未获得清偿或者未获得全部清偿，第三者依法请求保险人赔偿保险金，保险人以前述生效判决已进入执行程序为由抗辩的，人民法院不予支持。

第十八条　【商业责任险诉讼时效期间的起算】商业责任险的被保险人向保险人请求赔偿保险金的诉讼时效期间，自被保险人对第三者应负的赔偿责任确定之日起计算。

第十九条　【责任保险的保险人和解参与权】责任保险的被保险人与第三者就被保险人的赔偿责任达成和解协议且经保险人认可，被保险人主张保险人在保险合同范围内依据和解协议承担保险责任的，人民法院应予支持。

被保险人与第三者就被保险人的赔偿责任达成和解协议，未经保险人认可，保险人主张对保险责任范围以及赔偿数额重新予以核定的，人民法院应予支持。

第二十条　【责任保险的保险人不得以向被保险人赔偿保险金对抗第三者的赔偿要求】责任保险的保险人在被保险人向第三者赔偿之前向被保险人赔偿保险金，第三者依照保险法第六十五条第二款的规定行使保险金请求权时，保险人以其已向被保险人赔偿为由拒绝赔偿保险金的，人民法院不予支持。保险人向第三者赔偿后，请求被保险人返还相应保险金的，人民法院应予支持。

第二十一条　【生效日期及新旧法适用】本解释自2018年9月1日起施行。

本解释施行后人民法院正在审理的一审、二审案件，适用本解释；本解释施行前已经终审，当事人申请再审或者按照审判监督程序决定再审的案件，不适用本解释。

图书在版编目（CIP）数据

中华人民共和国保险法：案例注释版 / 中国法制出版社编．—北京：中国法制出版社，2024．1

（法律法规案例注释版系列；29）

ISBN 978-7-5216-4045-8

Ⅰ．①中… Ⅱ．①中… Ⅲ．①保险法-案例-中国 Ⅳ．①D922．284．5

中国国家版本馆 CIP 数据核字（2023）第 242533 号

责任编辑：谢 雯　　封面设计：杨泽江

中华人民共和国保险法：案例注释版

ZHONGHUA RENMIN GONGHEGUO BAOXIANFA：ANLI ZHUSHIBAN

经销/新华书店

印刷/河北华商印刷有限公司

开本/880 毫米×1230 毫米　32 开　　印张/ 6．5　字数/ 159 千

版次/2024 年 1 月第 1 版　　2024 年 1 月第 1 次印刷

中国法制出版社出版

书号 ISBN 978-7-5216-4045-8　　定价：29．00 元

北京市西城区西便门西里甲 16 号西便门办公区

邮政编码：100053　　传真：010-63141600

网址：http：//www．zgfzs．com　　**编辑部电话：010-63141797**

市场营销部电话：010-63141612　　**印务部电话：010-63141606**

（如有印装质量问题，请与本社印务部联系。）